TOSKANA · UMBRIEN

TOSKANA

UMBRIEN

Photos: Harald Mante

Text: Franca Magnani   Monika von Zitzewitz

Bucher

LEGENDEN ZU DEN BILDERN 1 BIS 6:

1 Weinstöcke und Margeriten bei Grosseto im Frühlingsabendlicht.

2 Blick von Castelluccio (Umbrien) auf die Hochebene zu Füßen des Monte Vettore (2476 Meter), dem höchsten Gipfel der Sibillinischen Berge.

3 Toskanische Landschaft bei Volterra Ende März.

4 Pitigliano, eine ehemalige Etruskerstadt in der südlichen Toskana, scheint direkt aus dem Tufffelsen gewachsen, auf dem es steht. Das Gestein ist vielfach unterhöhlt; uralte Gräber dienen heute als Garagen.

5 Blick vom schattenwerfenden Rathausturm auf die Piazza del Campo in Siena, die eben für den «Palio» hergerichtet wird, das traditionelle Pferderennen. Am Rand der Umzäunung drängen sich schon die ersten Zuschauer.

6 Piazza Salimbeni in Siena.

Lektorat: Jürg-Peter Huber
Graphische Gestaltung: Hans F. Kammermann
Konzeptionelle Beratung: Axel Schenck
Karte: Blanka Sefl
Herstellung: Hans Blender

© 1981 by Verlag C. J. Bucher GmbH,
München und Luzern
Alle Rechte vorbehalten
Printed and bound in Germany
ISBN 3 7658 0354 5

Inhalt

Geschichte, Wirtschaft, Politik

Die Toskana der Etrusker

Die Toskana ist der Nachkomme des antiken Etrurien. Ausgrabungsfunde aus verschiedenen Orten der Region bezeugen, daß es in der Toskana schon in der Altsteinzeit menschliche Niederlassungen gab. Die vorgeschichtliche Zeit gipfelt in der Villanovakultur: zwischen 9000 und 5000 v. Chr. lebten bei Bologna eisenverarbeitende Gruppen. Die jüngsten Studien über die Herkunft der Etrusker legen die Betonung nicht so sehr auf Einwanderungen (aus dem Norden oder vom Meer), die es in bescheidenem Maße gegeben haben mag, als auf die Verschmelzung von autochthonen linguistischen, ethnischen, politischen und schließlich geographischen Elementen. Nach dieser regionalen Geschichtsbetrachtung erfolgte zuerst der villanovianische Qualitätssprung als Voraussetzung zu dem noch größeren: dem der etruskischen Kultur.

Die Griechen nannten dieses Volk, das seine Vorherrschaft anfangs in jenem Teil der Halbinsel durchsetzte, der zwischen der tyrrhenischen Küste und den Tiber- und Arnotälern liegt, *Tyrrhenoi* (von da also der Name des Tyrrhenischen Meers). Die Römer nannten sie *Etrusci* oder *Tusci*. Daraus ergibt sich für dieses Gebiet in der römischen Zeit der Name *Etrurien*, und später, seit dem 11. und 12. Jahrhundert, geht das Wort *Toscana* in das Vulgäritalienisch ein. Mit diesem Namen wird eine Gebietseinheit bezeichnet, deren Grenzen in den verschiedenen Epochen sehr variieren, die aber immer das antike Etrurien zum Kern hat. Ein Gebiet mit mildem Klima, reich an bewaldeten Berghängen, bestellbaren und fruchtbaren Tälern und mit einigen metallhaltigen Bodenschätzen.

Nachdem die Etrusker sich als herrschende Kriegerschicht behauptet hatten, entwickelten sie die materielle Kultur zu hoher Blüte. Sie verbesserten die landwirtschaftlichen und handwerklichen Technologien und betätigten sich erfolgreich als Seefahrer, Händler und Piraten. Ihre Flotten liefen von der tyrrhenischen Küste aus und bestanden einige Jahrhunderte lang siegreich die Kämpfe gegen die Flotten der Phönizier und der mächtigen griechischen Städte in Süditalien. Die griechische Tradition bezeichnete die goldene Zeit der Etrusker als eine «tyrrhenische Thalassokratie», eine Seeherrschaft, die sich über das ganze westliche Mittelmeer erstreckte.

Der langsame Niedergang der etruskischen Hegemonie beginnt 474 v. Chr. in den Gewässern von Cyme, einer Griechenstadt an der kampanischen Küste, als die Etrusker von der Seemacht von Syrakus geschlagen wurden und diese 384 v. Chr. sogar den etruskischen Hafen Cere (das heutige Cerveteri bei Rom) plünderte. Wir werden uns hier nicht mit der Ausdehnung und den politischen Strukturen der etruskischen Herrschaft befassen (Titus Livius spricht von einer etruskischen Macht, die sich über einen Großteil Italiens erstreckt: von der Poebene bis nach Kampanien) und auch nicht mit den Kennzeichen ihrer Kunst. Zwei Aspekte, welche die Geschichte der Toskana und der Italienischen Halbinsel prägten, können jedoch nicht übergangen werden. Welcher Herkunft die Etrusker auch sein mögen, für einige Jahrhunderte haben sie dank ihrer Macht – wenn nicht sogar Vorherrschaft – auf dem Meer und dank des Handels, den sie aktiv mit der ganzen Mittelmeerwelt betrieben, die vorgeschichtliche Isolation Mittel- und Norditaliens gebrochen. Über sie lief die Verbreitung von Elementen der griechisch-hellenistischen Kultur in diesen Raum und vor allem in den römischen Bereich. Der Beitrag der Etrusker zur kulturellen Entwicklung der Völker der Italienischen Halbinsel – die im Römischen Reich gipfeln sollte – war also genauso wichtig wie derjenige der griechischen Kolonien.

Darüber hinaus – und das ist der zweite Aspekt – begründeten die Etrusker eine große urbane Kultur. Städte wie Chiusi, Volterra, Cortona, Arezzo, Fiesole und Perugia haben in ihrem urbanen und kulturellen Leben eine Kontinuität von drei Jahrtausenden, womit sich, außer Griechenland, keine andere europäische Region rühmen kann.

Bekanntlich gelang es den Etruskern nicht, eine Territorialherrschaft aufzubauen. In Südetrurien entstand lediglich eine Art Konföderation von zwölf oder fünfzehn Städten. In der Toskana sollte diese politische Aufsplitterung der Region in viele Zentren, die in ihrer Wichtigkeit und in der Intensität des wirtschaftlichen und kulturellen Lebens fast gleichbedeutend sind, Jahrhunderte andauern. Der Reichtum an eigenwertigen, selbstbewußten Städten und die Unfähigkeit zu großräumigen, kräftesparenden politischen Strukturen zieht sich wie ein roter Faden durch die Geschichte der Toskana – von den Etruskern bis zur italienischen Renaissance des 19. Jahrhunderts.

Die Toskana im Römischen Reich

Nach Kämpfen und Waffenstillständen, Bündnissen und harten Konfrontationen im 4. und 2. Jahrhundert v. Chr. steht die Toskana praktisch völlig unter dem Einfluß Roms. 91 v. Chr. wird allen Italern die römische Bürgerschaft verliehen; damit endet die förmliche Autonomie, welche die etruskischen Städte anfangs genossen hatten.

Inzwischen waren die großen Konsularstraßen gebaut worden, die Rom über Etrurien mit Norditalien verbanden. Die Via Aurelia wurde 241 v. Chr. der tyrrhenischen Küste entlang geführt; die Cassia, die nach Arezzo und Florenz verlief, stammt aus dem Jahre 220 v. Chr. und die Flaminia, die Rom über Etrurien und Umbrien mit Emilien verband, aus dem Jahre 187. Trotz dieser und anderer öffentlicher Bauten (Theater, Thermen) aus dem letzten Jahrhundert der Republik, verfiel die Toskana zunehmend. Die Hauptgründe dafür waren die Erschütterungen, Zerstörungen und die Beschlagnahmungen, welche die Bürgerkriege während der Diktatur Sullas (82—78 v. Chr.) und dem Aufstand Catilinas (62 v. Chr.) mit sich brachten und deren Schauplatz die Toskana war. Ein weiterer Grund ist die Krise des Weizenanbaus aufgrund billiger Importe aus Ägypten und dem Orient.

Rom versuchte, die Entwicklung und die Gleichschaltung des Gebietes durch Kolonien zu fördern, die römische Elemente einführten und die Romanisierung der alten etruskischen Herrscherschichten begünstigten. Die ersten Kolonien entstanden in Südetrurien: Cosa 273 v. Chr. beim etruskischen Volsini (Bolsena), Saturnia 183 v. Chr. in einem etruskischen Zentrum der heutigen Provinz Grosseto.

Doch die Versumpfung und die Malaria minderten die Bedeutung der südlichen Toskana schon damals. Die Entvölkerung, Latifundien und eine feudale Gesellschaftsstruktur kamen zum natürlichen Niedergang hinzu. Daraus entwickelte sich die typische Ungunst der Maremmen (aus dem lateinischen *maritima* – Meergegend), eine ungesunde Sumpflandschaft, die bis zu den Reformen im 18. Jahrhundert und der Entwässerung in unserem Jahrhundert bestehen blieb.

Eine zweite Kolonisationswelle folgte unter der Herrschaft der Triumviri (60 v. Chr.) und des Augustus (27 v. Chr.). Das römische Element setzte sich endgültig im Zentrum und im Norden der Toskana fest, belebte erneut die alten etruskischen Städte Arezzo, Volterra, Chiusi und Fiesole und ließ neue Städte entstehen wie Siena, Florenz, Lucca, Pisa und Pistoia, die allerdings auch etruskischen Einfluß verraten. Die Romanisierung ging schnell voran: bereits im letzten vorchristlichen Jahrhundert war die etruskische Sprache nahezu vollkommen verschwunden, fast niemand verstand sie mehr. Aber nicht wenige Elemente der etruskischen Kultur waren auf die Römer übergegangen, und nicht wenige der römischen Familien, die in den *municipia* herrschten, waren etruskischen Ursprungs.

Wegen der Versumpfung ihrer Küste wurde die südliche Toskana von den großen Seehandelswegen ausgeschlossen. Auch das politische Schwergewicht der Region verschob sich nach Norden in das Gebiet zwischen Arno- und Tibertal sowie dem Apenninkamm, von wo aus man die Verkehrswege in die Poebene und nach Ligurien kontrollieren konnte. Die Verwaltungsordung, die von Augustus erlassen wurde, wies der Region Sieben den Namen Etrurien zu. Sie war aber viel größer als die heutige Toskana: im Norden und Nordwesten wird sie von der Magra, die an der östlichen Spitze des Golfes von La Spezia in das Tyrrhenische Meer mündet, und von dem Tosko-emilianischen Apennin begrenzt, im Süden und Südosten vom Tiber und im Westen vom Meer. Keine der zahlreichen durchaus lebendigen *municipia* erreicht eine Bedeutung die über den Provinzialismus hinausgeht, im Gegensatz etwa zu Mailand und Aquileia. Glanzlos blieb auch Florenz, das nur unter Diokletian (285—305) begünstigt wurde, als man die Tuscia (das war jetzt der gebräuchlichste Name) mit Umbrien vereinte und Florenz zum Sitz der Gouverneure machte.

Zwischen dem 2. und dem 4. Jahrhundert wirkt auf die Toskana das Christentum ein. Als das Edikt von Konstantin 313 die Praktizierung der christlichen Religion gestattet, ist die Toskana bereits zum größten Teil in Lokalkirchen organisiert.

Abgesehen von den übergeordneten politischen Ereignissen, an denen die Toskana zur Zeit der Republik und des Kaiserreiches teilhatte, ist über ihre Geschichte während der römischen Zeit – etwa über die sozialen Verhältnisse – wenig bekannt. Über die hinterbliebenen Zeugnisse (Monumente, Verzierungen, Statuen, Fresken, Mosaiken usw.) legten sich die Bauwerke der folgenden Jahrhunderte, in denen es – nach dem hohen Mittelalter – zu einer Wiedergeburt der römischen Architektur kam. Erst in den letzten Jahrzehnten hat man mit einer systematischen Erforschung der künstlerischen Ausdrucksformen jener Epoche begonnen.

Eineinhalb Jahrtausende später beriefen sich viele Institutionen, soziale, künstlerische und literarische Modelle auf römische Wurzeln. Nicht nur das etruskische Erbe bestimmte also die toskanische Kultur, die während der Renaissance Italien (und für einige Aspekte ganz Europa) dominieren sollte, sondern auch das römische Erbe – neben den Idealen des Christentums und den neuen politischen Realitäten, die sich nach der Völkerwanderung durchsetzten.

Goten, Langobarden, Franken

Nach der Auflösung des Römischen Reiches (476) und dem kurzen Königtum von Odoaker sind die Ostgoten mit Theoderich dem Großen die Herrscher Italiens (493–553). Sie hinterlassen jedoch in der Toskana weder politische Spuren noch Baudenkmäler. Der Krieg, den der oströmische Kaiser Justinian gegen das gotische Reich führte (Griechisch-gotischer Krieg), dauerte, mit Unterbrechungen, achtzehn Jahre und brachte Massaker und Ruinen, die den allgemeinen Niedergang der Gegend beschleunigten. Auch die kurze römisch-byzantinische Restaurationszeit in Italien (554–569) reichte nicht aus, um die römische Kommunalordnung wieder aufzubauen.

Der Herrschaft der Goten folgt die der Langobarden, die im Jahre 568 über die östlichen Apenninpässe in die Toskana einmarschierten. Ihr Reich (568–774) bildet sich in einem dauernden Kriegszustand gegen die Griechen und Byzantiner des Ostreiches heraus, die ihre Herrschaft in den südlichen Teilen der Halbinsel lange beibehalten sollten. Die Toskana wird aus politisch-militärischen Gründen wichtig, da sie die Verbindung zwischen den größten Städten des neuen Reiches – sie liegen in der Poebene – und den langobardischen Siedlungen an der Grenze zum byzantinischen Territorium garantiert. Das Reich wird in Herzogtümer aufgeteilt, und in der Toskana gelangt Lucca, Sitz des wichtigsten langobardischen Herzogtums, zu einer gewissen Vorherrschaft. Allgemein verschiebt sich die Macht von den Städten zu den befestigten Schlössern, welche die Verkehrwege kontrollieren, die *arimanie* (von «freie Männer»), Niederlassungen von langobardischen Militäreinheiten, denen der König eine gewisse Gebietshoheit und das Recht auf Befestigung zubilligt und dafür die persönliche Treue und die Verteidigungspflicht verlangt. In der Gegend nördlich des Arno (Lucchesia, Garfagnana, Lunigiana, Pistoiese), in unmittelbarer Nähe der

Apenninpässe, werden die meisten dieser Festungen errichtet; sie sollten die Wiege der künftigen Feudaldynastien werden.

Im Süden vernachlässigt man die Aurelia, die sowohl der Malaria als auch den Überfällen der Sarazenen und später der Normannen ausgesetzt ist. Die Cassia hingegen wird auf die noch heute bestehende Strecke verlegt (Radicofani, Siena, Valdelsa, Lucca), um sie so vor byzantinischen Angriffen zu schützen. Das bringt für Siena beachtliche Vorteile mit sich. Gemeinsam mit der Flaminia wird die Cassia in jener Zeit zum wichtigsten Verkehrsweg in Mittelitalien. Sie wird von Pilgern aus ganz Europa benutzt (deshalb auch Via Romea oder Francisca genannt) und bietet den oft gefährdeten Reisenden viele Hospize und Asyle, die von Geistlichen geführt werden. Bezeichnend für die übergeordnete Funktion der Kirche innerhalb des herrschenden Partikularismus ist, daß die 743 gegründete benediktinische Abtei von San Salvatore in der heutigen Provinz Siena fast ganz die Kontrolle über das zentrale Gebiet um den Monte Amiata übernahm. Eine besondere Rolle beginnt Pisa zu spielen, das lange der einzige Hafen der Langobarden am Tyrrhenischen Meer war.

Von der päpstlichen Politik unterstützt, greifen 774 die Franken in Italien ein. Karl der Große erobert das Langobardenreich – eine Vorbedingung für seine Kaiserkrönung. Im Karolingerreich spielt das Regnum Italiae jedoch keine besondere Rolle; es dient hauptsächlich dazu, die Verbindungen zum päpstlichen Rom, das seinen Einfluß immer mehr verstärkt und ausdehnt, aufrechtzuerhalten.

Die wichtigste Konsequenz der Frankenherrschaft für die Toskana ist die Verbreitung des Lehenswesens. Die Vasallenbeziehungen, die auf der persönlichen Abhängigkeit von dem aufbauen, der das Privileg vergibt – vom Kaiser, König, Herzog oder Grafen –, führen nach dem Tod von Karl dem Großen zur Auflösung der Staatseinheit und zur Anarchie. Lucca, von einem Grafen regiert, behält eine gewisse Vorherrschaft bei – Mitte des 9. Jahrhunderts wird es Sitz des Markgrafen von Tuscia. Pisa wird zum Bollwerk gegen die Sarazenen, und mit seinem Aufstieg zur Seemacht unterscheidet sich seine Politik immer mehr von der anderer Feudalstädte; sie bezieht sich zunehmend auf den ganzen Mittelmeerraum.

Als mit dem Ende des karolingischen Universalismus das Italienische Reich unabhängig wird (888–962), gelingt es keinem der toskanischen Grafengeschlechter, sich am Gerangel um die Krone überhaupt zu beteiligen – nicht zuletzt ein Zeichen für die extreme politische Zersplitterung der Toskana im hohen Mittelalter.

Die Bistümer und Abteien, die von den Karolingern stark begünstigt worden waren, verstärkten den Partikularismus noch. Siena und Arezzo werden von gräflichen Bischöfen verwaltet, und in Arezzo prägt der *Episcopus et comes* sogar Münzen. Das politische Gebilde des Regnum Italiae endet 962, als es in das Heilige Römische Reich Deutscher Nation eingegliedert wird – unter der energischen Politik Ottos I., der sich in Pavia 961 zum König und in Rom 962 vom Papst zum Kaiser krönen läßt. Der Kaiser entsendet seinen Stellvertreter in der Toskana nach San Miniato. Noch heute gibt es in der Provinz Florenz den Ort San Miniato al Tedesco. Der Sitz der Markgrafschaft Toskana wird von Lucca nach Florenz verlegt. Pisa wird selbständiger, und im 11. Jahrhundert dehnt es den Einfluß der pisanischen Kirche auf Sardinien und Korsika durch seine Verteidigungsaktionen gegen die Sarazenen aus.

Die Tatsache, daß sich in den Städten neue Schichten wie Händler, Geldwechsler und Handwerker behaupten, ändert das wirtschaftliche und sozialpolitische Gesicht der Region. Normalerweise nimmt man das Jahr 1000 als Wendepunkt an. Dies ist ein konventionelles Datum, das aber angibt, daß sich an der Schwelle des neuen Jahrtausends die verschiedenen Stämme, die es auf italischem Boden gegeben hatte, verschmolzen haben und daß das Stadtleben einen neuen Aufschwung erfahren hat. Die Städte werden wieder Zentren eines pulsierenden kulturellen und politischen Lebens. Es ist der Beginn einer neuen Epoche.

Die Kultur der Kommunen

Die Toskana der Feudalzeit hatte sich trotz dem Netz der Abhängigkeiten, das mit dem Vasallentum und den königlichen und kaiserlichen Konzessionen entstanden war, keineswegs zu einer Einheit entwickelt. Zu dem feudalen Partikularismus, den es überall im karolingischen Europa gab, kam hier früher als anderswo ein Partikularismus der Städte hinzu, der anders und weit ausgeprägter war als in anderen Gebieten. Dieser Prozeß beginnt etwa Mitte des 9. Jahrhunderts und erreicht seinen Höhepunkt Mitte des 13. Jahrhunderts; dann genießen dank günstiger ökonomischer Bedingungen viele Städte einen außerordentlichen Wohlstand. Daraus ergibt sich ein Konflikt mit den Feudalherren, deren Interessen nicht mehr mit denen der Bürger übereinstimmen. Die Städte werden erst de facto und dann auch rechtlich von den Kommunalinstitutionen verwaltet: Konsule, Vertreter der Zünfte, Versammlungen des «wichtigen» Volkes, also des neuen Bürgertums, das typisch laizistisch und bourgeois ist. Es sind die Bankiers aus Siena und Florenz, die mit den adeligen Herren aus ganz Italien und den europäischen Herrschern verhandeln; es sind die Wolltuchfabrikanten aus Florenz, die Händler aus Pisa und die Handwerker, die in allen Städten die kreativen Fähigkeiten der neuen Meister der alten Zünfte zur Weltkunst führen. Die Stadtstaaten kämpfen, um den Feudalherren die Herrschaft über ihre ländliche Umgebung zu entziehen, um sich für ihre Autonomie Raum zu verschaffen, um sich freie Verkehrswege für ihren Handel zu sichern; und so kämpfen Florenz gegen die Guidi, die Alberti und Siena gegen die Aldobrandeschi, oder aber sie kämpfen gegeneinander, weil jeder seine expansionistischen Ziele verfolgt.

Die Geschichte der Toskana des 12. Jahrhunderts ist bestimmt durch die Kommunen, ihre internen Ereignisse und der gegenseitigen externen Einmischungen, da dieses neue und originale Gebilde – eben die Kommune – in der Toskana eine außerordentliche Vitalität und eine Innovationskraft besitzt, welche die ersten Phasen der bürgerlich-kapitalistischen Entwicklung in Europa vorwegnimmt. Diese wird allerdings nur dort vollendet, wo sich die großen, vereinheitlichenden Monarchien durchsetzen: England und Frankreich.

Die negative Antithese zur wirtschaftlichen Blüte der Toskana bildet das prekäre politische Gleichgewicht, das auf Bündnissystemen basiert, die immer in Fluß sind und die eine Reihe von andauernden, harten und verzettelten Kämpfen hervorrufen. Sehr oft lehnen sich die Städte an den Bischof an, um eine erste autonome Führungsgruppe zu bilden: eine Art von *Societas giurata,* die mit öffentlicher Macht ausgestattet ist und sich dem Feudalherrn entgegenstellt, mit ihm verhandelt und ihn zu oft demütigenden Zugeständnissen zwingt.

Das große politische Ringen um die Vorherrschaft über das christliche Abendland zwischen Kaiser und Papst dient oft als Vorwand für Bündnisse, welche für ureigene Interessen, meist auf Kosten des Nachbarn mißbraucht werden. So wird Pisa eine dem Kaiser nahestehende Politik gegen Florenz betreiben, das um seine Selbständigkeit bangt. Siena befindet sich mit Arezzo wegen angrenzenden Pfarrgemeinden im Streit, und da es vom Papst geschädigt wird, der sich für die rivalisierende Stadt ausgesprochen hat, wird Siena den Kaiser im Kampf um die Investitur unterstützen. Dabei wird die mächtige Markgräfin Mathilde von Toskana für den Papst das ganze Gewicht ihrer Feudalbesitztümer einsetzen, die in Italien den mittleren und nördlichen Teil der Toskana sowie Teile Liguriens und von Emilien umfassen.

Im Schloß von Mathilde in Canossa (Provinz Reggio Emilia) wird sich, im Jahre 1077, der deutsche Kaiser Heinrich IV. vor Papst Gregor VII. demütigen. Zwar geht es um die Machtansprüche der beiden großen Mächte des Mittelalters, des Papsttums und des Kaiserreichs, aber in der Toskana beginnen die Städte, die allerdings (außer Lucca) formell Mathilde gehorchen, ihre eigene Politik zu betreiben – sogar mit Lokalkriegen: Pisa gegen Lucca, Florenz gegen Fiesole, Siena gegen Arezzo. Bereits vor dem Tod der Gräfin Mathilde (1115) werden einige Städte von autonomen Kommunalinstitutionen regiert.

Zum Wiederaufblühen des sozialen und kulturellen Lebens tragen um das Jahr 1000, nach Invasionen und Zerstörungen, bekanntlich in ganz Europa die Mönchsorden und besonders der Benediktinerorden in seinen verschiedenen Verzweigungen bei. Im Mittelalter ist in der Toskana der religiöse Geist tief verwurzelt und ruft geistliche Bewegungen und Institutionen hervor, die auf wirtschafts- und sozialpolitischer Ebene wirken und den Charakter der Region prägen. Im Jahre 1012 gründet San Romualdo das Benediktinerkloster von Camaldoli (Provinz Arezzo). Auch heute noch, nach einem Jahrtausend, folgen die Camaldoleser Mönche den strengen Regeln. Die große Benediktinerabtei von Vallombrosa (Provinz Florenz), noch immer ein kulturelles und religiöses Zentrum, wurde 1036 von San Giovanni Gualberto gegründet. Nach dem Tod von Mathilde existiert die Markgrafschaft Toskana zwar noch etwa ein Jahrhundert lang innerhalb des Reiches weiter, doch es handelt sich im wesentlichen um ein rein juristisch-formales Gebilde, das den Kaisern des Heiligen Römischen Reiches als Vorwand für ihre Eingriffe in die Toskana dient. So erkennen sie auch die Schenkung nicht an, mit der Mathilde in ihrem Testament ihre Ländereien der Kirche vermacht. Als Friedrich I. von Schwaben, Barbarossa, seine energische Politik Italien gegenüber beginnt – sechsmal fiel er in die Halbinsel

Fortsetzung Seite 23

ein –, widerstehen die Toskaner Städte den Forderungen des Kaisers, wobei sie aber zum Teil – wie Pisa und Siena – eine dem Kaiser nahestehende Politik gegen ihre guelfischen Nachbarn und besonders gegen Florenz führen.

Aber keine Stadt der Toskana kämpfte mit dem Bund der lombardischen Kommunen gegen Barbarossa und keine schloß sich seinem Gegner, Papst Alexander III., an. Die Kommunen der Toskana wurden je nach ihren Interessen gegenüber den Nachbarstädten guelfisch (von Wolf I. von Bayern) oder ghibellinisch (von den Herren von Wibeling, den Hohenstaufen).

Grundsätzlich beinhalten also der «Guelfismus» die Verteidigung gegen ausländische Einmischungen, der «Ghibellinismus» die Opposition gegen die Einmischung der Kirche in die weltlichen Angelegenheiten. Grob lassen sich der «Guelfismus» – zumindest am Anfang – auch mit Volksregierung und «Ghibellinismus» mit aristokratischer Regierung gleichsetzen. Dabei muß man aber beachten, daß sich einerseits durchaus nicht das ganze Volk, sondern das wohlhabende Bürgertum durchsetzt und daß auch in ghibellinischen Kommunen wie in Siena, vielleicht unter der Schirmherrschaft einer aristokratischen Familie, volksverbundene politische Instanzen geschaffen wurden. Vom 12. Jahrhundert an wird in der Toskana die Feudalherrschaft Schritt für Schritt von dem Wachstum der Städte überholt oder absorbiert. Nur in den entlegenen und armen Gegenden wie in der Lunigiana, in der Garfagnana, im Casentino oder am oberen Tibertal überlebten sie.

Seien sie nun guelfisch oder ghibellinisch, von Volksversammlungen oder Oligarchien regiert: es sind die Städte, die, erfindungsreich in der Produktion, im Handel und im Bankwesen, den Charakter der Region prägen.

Die mächtigste von ihnen zu Beginn des 11. Jahrhunderts ist Pisa. Mit den Kreuzzügen, den Expeditionen gegen die Sarazenen auf den Balearen und auf Sardinien hat sie ihr Einflußgebiet ausgedehnt.

Pisa ist eine Seerepublik, die sich wenig – zu wenig – um die Machtverhältnisse auf dem Festland kümmert. Nachdem sie im Jahre 1284 in der Seeschlacht von Meloria (eine Gruppe von Felsriffen unweit des Hafens von Livorno) von den Genuesen geschlagen wurde, konnte die Stadt zwar Lucca und Florenz noch lange widerstehen – aber sie befand sich doch schon in einer Phase des Niedergangs. Bereits im 12. Jahrhundert muß Pisa den Florentiner Tuchfabrikanten seinen Hafen öffnen.

Lucca kann seine Unabhängigkeit behaupten, entwickelt sich aber auch nicht weiter. Der andere politische Pol der Toskana ist Siena. Es plagt sich mit internen Kämpfen und blickt voller Mißtrauen auf Florenz, dessen Bankiers in den Finanzbeziehungen mit den Herren Italiens und den Königen Europas den Sienesern schon weit voraus sind.

Im Jahre 1253 wird der goldene Florin (er zeigt die Prägung einer Lilie: das Symbol von Florenz) auf den internationalen Markt gebracht – ein Zeichen für die Finanzkraft der Stadt. Nach harten Gefechten schließt Siena, dessen Expansion nach Norden blockiert ist, mit Florenz Frieden. Ihre Hochblüte genoß die Stadt zwischen 1287 und 1355 unter der Regierung von reichen Bürger- und Händlerfamilien.

Der Aufstieg von Florenz

Mit Beginn des 14. Jahrhunderts zeichnet sich in der Toskana die zunehmende Hegemonie von Florenz ab. In der Geschichte des Florentiner Staates kann man für die Zeit zwischen dem 14. und Mitte des 16. Jahrhunderts drei politische Leitmotive ausmachen, die sich oft dramatisch miteinander verflechten und schließlich zur Bildung eines absolutistischen Regionalstaates führen.

Das erste Motiv betrifft die interne Ordnung des Staates. In Florenz wechseln sich nach harten sozialen Auseinandersetzungen Volksregierungen ab, zwischen denen es kurze Perioden der Diktatur gibt. Auf Initiative der Kompanie der Künste entsteht 1251, gegen die Mächtigen gerichtet, die Regierung des Ersten Volkes (ein Podesta, dem zwölf Senatoren und ein Volksführer zur Seite gestellt werden). Als 1268, nach einer kurzen ghibellinischen Zeit, erneut die Guelfen die Stadt übernehmen, wird die Regierung des Zweiten Volkes gebildet. Gegen die Gefahr einer Revanche der Ghibellinen, die das Instrument der feudalen Reaktion sind, werden 1295 die Rechtsordnungen von Giano della Bella verabschiedet, welche die Macht repräsentativen und kollegialen Organismen anvertrauen. Dieses System sollte bis zur Zeit der Signorie in Florenz die Freiheiten des Volkes garantieren. Tatsächlich war es das Machtinstrument der Händler und Bankiers, die Mitglieder der Kompanie der höheren Künste waren. In Krisenmomenten gab es kurze autoritäre Unterbrechungen: mit der Signoria von Karl, Herzog von Kalabrien (1325–1328) und mit der von G. von Brienne, Herzog von Athen (1342–1343). Aber die Reaktion war stets heftig. Besonders nach dem Aufstand der *Ciompi* (der Werktätigen der Wollindustrie) 1378 und dem kurzen demokratischen Experiment von Michele di Lando, der ihr angesehenster Vertreter war, lag die Macht in den Händen der reichsten Familien, die in der Lage waren, die interne Ordnung aufrechtzuerhalten und die Außenpolitik klug zu führen.

In der alten Oligarchie gelang es der reichen Bankierdynastie der Medici unter Zuhilfenahme aller Mittel, ihre Vorherrschaft zu festigen und auch über zwei republikanische Unterbrechungen hinweg beizubehalten: die eine ging zwischen 1494 und 1512 aus der asketischen Leidenschaft des Savonarola hervor, die andere, zwischen 1527 und 1530, beruhte auf dem hartnäckigen Widerstand gegen die Einmischung des Kaisers und des Papstes.

Das zweite politische Motiv, das die Geschichte des Florentiner Staates charakterisiert, ist die konstante Verteidigung der eigenen Unabhängigkeit. Sie fiel nicht immer leicht, aber schließlich gelingt es Florenz nicht nur, Anfang des 15. Jahrhunderts den Eroberungsversuch der Visconti, der Herren von Mailand, und Ende des gleichen Jahrhunderts den von Karl VIII. von Frankreich abzuwehren, sondern auch eine indirekte Regierung der Kirche abzuwehren. Alle Mittel sind dazu gut: Schläue und Flexibilität, Geld, Krieg und daneben die Fähigkeit, alle günstigen Gelegenheiten auszunutzen. *Virtù e fortuna,* Können und Glück, sind die Bestandteile des politischen Erfolges, wie ein großer Florentiner sagt: Macchiavelli.

Ein denkwürdiges Ereignis wird die Verteidigung der letzten Florentiner Republik bleiben, die 1529–1530 vom kaiserlichen Heer Karls V., der damals mit dem Medicipapst Klemens VII. verbündet war, belagert wurde. Obwohl das Florentiner Volk zur Kapitulation gezwungen wurde – was in Florenz die Signoria der Medici zementierte –, hat es bewiesen, daß es nicht wie andere italienische Staaten jener Zeit allein des lieben Friedens willen vor den ausländischen Mächten resignierte. Die Medici verstanden es, diesem Unabhängigkeitsgeist zu entsprechen, und ernteten damit für ihre Herrschaft einen breiten Konsens.

Die dritte Konstante der Florentiner Politik ist die territoriale Expansion des Stadtstaates in der Toskana. Ende des 14. und Anfang des 15. Jahrhunderts umfaßte das einheitliche politische Aggregat, das Florenz zusammengefügt hatte, folgende Gebiete: Valdrano, Valdelsa, Chianti, Valdinievole mit Pistoia, Mugello, Casentino mit Arezzo, Volterra mit seiner Umgebung und die ganze Küste bis Livorno. 1406 wird Pisa von den Gambacorta gekauft und nach dem Aufstand, der 1494 während des Einfalls von Karl V. in Italien stattfand, mit Waffengewalt zurückerobert.

Was die drei untersuchten Aspekte anbetrifft, so haben Pisa, Lucca und Siena eine ähnliche Entwicklung wie Florenz durchgemacht. In den verschiedenen Kriegen, die sie mit wechselnden Bündnissen gegen Florenz führten, haben sie auch siegreiche Momente erlebt. Aber keinem dieser drei politischen Zentren der Toskana sollte es letztlich wie Florenz gelingen, die internen Kämpfe den Notwendigkeiten der Zeit anzupassen, die eigene Unabhängigkeit auf dem komplizierten politischen und diplomatischen, italienischen und europäischen Schachbrett des 15. und 16. Jahrhunderts zu behaupten und trotz zeitweiliger Rückschläge eine konstante Gebietsausweitung verfolgen zu können.

Zuerst mußte Pisa nachgeben. Siena – von internen Streitigkeiten und dem Zusammenbruch der Wollindustrie zerrüttet – wird 1559 von den Medici gekauft. Lucca bleibt zwar bis zur Zeit der italienischen Renaissance unabhängig, aber die Stadt bewegt sich in ganz engen Grenzen und wird durch die schlimme Krise der Seidenindustrie ruiniert, die auch akute soziale Konflikte zur Folge hat wie die Lumpenrevolte 1532, *La rivolta degli straccioni*.

Die Republik Lucca wurde, nachdem sie ihre hervorragende Stellung im Handel verloren hatte, von einer fähigen Oligarchie von Landbesitzern regiert. Elemente jener Agrarstruktur bestehen in dieser Gegend noch heute.

Das aristokratische Lucca erstickte entschlossen die Ansätze zur Kirchenreform, die sich im 16. Jahrhundert zeigten, um den Vorwurf des Ketzertums von Cosimo I. de'Medici zu widerlegen. Die berühmte Verschwörung von Francesco Burlamacchi (1494–1548), Vertreter einer der reichsten und einflußreichsten Familien Luccas, welche die Reformierungskampagne Savonarolas fortsetzte, wurde durch Verrat aufgedeckt und von der Regierung, die auch ihren gegenreformistischen Eifer beweisen wollte, blutig niedergeschlagen. Die Republik bat um das Eingreifen eines kaiserlichen Kommissars, um sich vor Florenz zu schützen, denn Francesco Burlamacchi hatte in seine Verschwörung auch Vertreter der Opposition gegen die Medici und gegen die Spanier aus der ganzen Toskana verwickelt. Sein Ziel war eine unabhängige Toskaner Föderation. Burlamacchi wurde lange gefoltert, dann kam er vor Gericht und wurde 1548 hingerichtet. Die Namen seiner Komplizen gab er nicht preis; die patriotische Geschichtsschreibung stellt ihn daher gerne als Märtyrer dar. Man kann seine Initiative als einen kraftlosen Versuch ansehen, sich der Signoria der Medici in der Toskana und der spanisch-kaiserlichen Vorherrschaft, die bis 1700 andauerte, zu widersetzen.

Die Toskana – Kulturland Italiens

Florenz hatte also vom 13. bis zum 16. Jahrhundert eine vereinheitlichende Funktion für die Toskana. Einen entsprechenden Beitrag für Italien, das gespalten und zum größten Teil ausländischen Mächten unterworfen war, konnte die Signoria der Medici nicht leisten. Der Prinz blieb aus, der die Halbinsel sozusagen durch Zauberworte hätte zusammenschweißen können, wie Macchiavelli es erträumt hatte.

Es sollten über drei Jahrhunderte vergehen, bevor – auf anderem Wege und nicht unter Führung der Toskana – die Bewegung des Risorgimento und die Einigung Italiens erfolgten.

Aber es ist nicht übertrieben zu behaupten, daß das Bewußtsein und die Existenz einer italienischen Nation ohne die kulturellen Leistungen der Toskana zwischen dem 13. und dem 16. Jahrhundert unmöglich gewesen wären. Seit damals hat sich die italienische Nation – da es keine politische Einheit gab – in den Werken des schöpferischen Geistes der Toskana und besonders von Florenz erkannt; hier stand die Wiege des Humanismus im 15. Jahrhundert und hier war der fruchtbarste Boden für die Renaissance. Mit Dante, Boccaccio und Petrarca ist die Geschichte der italienischen Sprache und Literatur bis zum 16. Jahrhundert zum großen Teil toskanisch. Mit Brunelleschi, Michelangelo und Leonardo da Vinci erreichten Architektur und Malerei zeitlose Größe. Dabei zitieren wir hier nur die Bekanntesten, während in der Toskana, mehr als in jeder anderen italienischen Region, jede Stadt, jedes Dorf seit dem 13. Jahrhundert eine Wiege von Künstlern und ein Zentrum war, das sich dauernd mit privaten und öffentlichen Bauten schmückte, die mit künstlerischer Leidenschaft gebaut wurden, sowie mit Kirchen, die Fresken großer Meister enthalten.

Kommunen – ob groß oder klein, von volksverbundenen oder aristokratischen Regierungen verwaltet –, die Signorie der großen Familien, alle Arten der religiösen Institutionen, der Adlige, der reiche Bankier, der Händler, der sich bereichert hatte: alle wetteiferten darin, den talentiertesten Architekten, Malern, Bildhauern und Handwerkern Aufträge zu erteilen. Offensichtlich waren in jenen Jahrhunderten die künstlerische Sensibilität und der gute Geschmack auch im Volk sehr verbreitet. «Die Toskana ist das Kulturland Italiens», sagte einmal der toskanische Archäologe und Kunsthistoriker Ranuccio Bianchi-Bandinelli, der kürzlich verstarb. Was an der Geschichte der Toskana in ihren «goldenen Jahrhunderten» so verblüfft, ist der Kontrast zwischen ihrer Kleinheit – verglichen etwa mit den Territorien Frankreichs oder

Spaniens – und ihrer Bedeutung als Träger einer Kultur, die den Rang einer nationalen italienischen und in manchem sogar einer europäischen einnahm.

Der Regionalstaat der Medici

Die Signoria der Medici beginnt im Jahre 1434 mit Cosimo dem Alten, der die Führung der Volksfraktion gegen die Albizzi übernimmt, und konsolidiert sich mit Lorenzo dem Prächtigen (1469–1492). Die ersten Medici lassen die republikanische Ordnung formell bestehen, nehmen den Titel *Confalonieri* (Oberster Stadtrat der Republik) an und übergeben die Ämter einer Reihe von Getreuen. Auf innenpolitischer Ebene mußten die Medici lange auf zwei Fronten kämpfen. Einerseits galt es, die Oligarchen, die ihnen die Macht streitig machten, aus dem Weg zu räumen. Es sei an zwei dramatische Episoden in diesem Kampf erinnert: die Verschwörung der Pazzi (mit den Saviati und den Riario verbündet) von 1478, die in der Kirche Santa Maria del Fiore den Enkel von Cosimo dem Alten, Giuliano, umbrachten (der Bruder Lorenzo, der spätere Lorenzo il Magnifico, konnte sich im letzten Moment retten); und 1537 die erbarmungslose Niederschlagung eines bewaffneten Angriffs der politischen Emigranten und enttäuschten Exilierten in Montemurlo durch den Großherzog Cosimo I.

Auf der anderen Seite haben die Medici die volksnahe und republikanische Partei gegen sich, die sie zweimal aus Florenz verjagt. Schließlich siegen die Medici aber doch dank der Unterstützung durch die Mächtigen Italiens und Europas, aber auch weil es ihnen gelang, mit äußerster Hartnäckigkeit einen zeitgemäßen absolutistischen Staat aufzubauen und somit die mittelalterliche Auffassung von der Staatsmacht zu überwinden, nach der sie als ein reines Instrument der herrschenden Schicht verstanden wurde wie vorher in den Florentiner «Volksrepubliken».

Nach ihrer Rückkehr zur Macht erhält Alexander de' Medici 1530 gegen den Widerstand der politischen Exilierten die Unterstützung von Kaiser Karl V., dessen Tochter Margarete von Österreich er heiratet. 1532 wird er zum Herzog gewählt, muß sich aber harten Bedingungen (Abgabe der Festungen, Geldzahlungen) unterziehen. Die Opposition der berühmten politischen Emigranten (wie Filippo Strozzi und die Kardinäle Ridolfi und Salviati) besaß weiterhin noch einige Einflußmöglichkeiten, da sie in Italien und auch in Frankreich bei den Feinden der Medici Gehör fand. Außerdem genoß der Herzog, der aus der Fremde kam und sich Spanien unterordnete, bei seinen Untertanen nur wenig Prestige.

In dieser Atmosphäre wird er von einem entfernten Cousin, Lorenzino de' Medici, sein Gefährte in Luxus und Orgien, im Januar 1537 umgebracht. Dies ist einer der akutesten Krisenmomente des Florentiner Staates, da einerseits kein Nachfolger in Sicht war (Alexander hatte keine direkten Erben) und andererseits der französisch-habsburgische Krieg in Europa wütete, in dem sich Karl V. und Franz I. von Frankreich gegenüberstanden. Die wohlhabendsten Bürger, die im Senat der Achtundvierzig saßen, wählten Cosimo de' Medici (1519–1574) zum Nachfolger. Er stammte aus einem Nebenzweig der Familie und war der Sohn des berühmten Kondottiere Giovanni de' Medici, «der von den schwarzen Banden». Sie waren der Meinung, der junge und unerfahrene Cosimo de' Medici würde ihre Schirmherrschaft im Geiste der oligarchischen Republik akzeptieren. Cosimo jedoch zwingt ihnen sofort seine prospanische Politik auf (im Jahre 1539 heiratet er Eleonore von Toledo), und da er die Unterstützung des Kaiserreiches hat, schlägt er – wie oben schon erwähnt – in Montemurlo (1537) vernichtend die politischen Emigranten, die von dem reichen Bankier Filippo Strozzi, Mitglied der europäischen Hochfinanz, angeführt wurden. Anfänglich benimmt sich Cosimo fast wie ein Vasall der spanischen Krone, aber sein politisches Einfühlungsvermögen ermöglicht es ihm, die nicht geringen Schwierigkeiten, in denen sich Karl V. befindet, klar zu erfassen und sie für seinen Staat in Vorteile und Anerkennung umzumünzen. 1543 erreicht er, daß die Festungen, die von Alexander aufgegeben werden mußten, zurückgegeben wurden.

Ein Opfer dieser Politik war Siena. Seine Regierung war unfähig, die internen Konflikte beizulegen, und mußte daher das Protektorat von Karl V. akzeptieren. Im Jahre 1552 kommt es mit Unterstützung Frankreichs zu einem Aufstand des Volkes gegen die spanischen Besatzungen. Die Valois hatten gerade Piero Strozzi, Sohn von Filippo, zum Befehlshaber der französischen Stellungen ernannt. Daraufhin bewaffnet Cosimo de' Medici ein Heer gegen Siena und setzt dafür sowohl Staatsgelder als auch eigene Mittel ein, die er durch Handelsgeschäfte, Anleihen, Renditen und Gewinne aus seinen Gütern angehäuft hatte. In dem langen Krieg gibt er über eine Million Scudi aus und marschiert 1555 im Namen der spanischen Krone in Siena ein. Philip II., der Nachfolger Karls V., ist, wie Cosimo vorausgesehen hatte, nicht in der Lage, die Kriegskosten verabredungsgemäß zurückzuerstatten und zieht es 1557 vor, das Gebiet der Republik von Siena den Medici als Lehensgut zu übereignen. Der spanischen Krone verbleibt der sogenannte Präsidialstaat – die Festung von Orbetello, Talamone, Porto Ercole, Monte Argentario: alles Kontrollpunkte zur Überwachung der Schiffswege im Tyrrhenischen Meer.

Auf einen Schlag wurde in jenem Jahr auch der lange Kampf um Piombino und Elba beendet. Beide wurden den Appiami, einem alten Feudalgeschlecht, zurückerstattet bis auf den Hafen Longone auf Elba, der dem Präsidialstaat zugeschlagen wurde, und Porto Ferraio (Elba), das die Medici bekamen, die es auf eigene Kosten schon als Stützpunkt gegen die Angriffe der Sarazenen befestigt hatten.

Damit hatte Cosimo einen Großteil der Toskana unter die Herrschaft der Signoria gebracht. Im Jahre 1569 verleiht ihm Papst Pius V. den Titel «Großherzog von Toskana». So wird Cosimo I. als Gründer der Region Toskana, nun eines einheitlichen politischen Gebildes, anerkannt.

Seine Nachfolger hatten nicht seine politische Größe. Eine Ausnahme bildet nur Ferdinand I. (1587–1600), der die Staatsgeschäfte persönlich in die Hand nahm. Um den starken spanischen Einfluß abzuschwächen, unterstützte er die französische Monarchie. Eine seiner Nichten, Maria de' Medici, heiratete im Jahre 1600 den französischen König Heinrich IV. Die übrigen Medici kümmerten sich persönlich wenig um die Amtsgeschäfte und überließen sie Ministern und Günstlingen. Besonders Cosimo III. (1670–1723) war in einem bigotten Konformismus verfangen und überdies korrupt. Seine Bürokratie erstarrte immer mehr in Bewegungslosigkeit und diente nur noch der Verteidigung ihrer Privilegien.

Trotz der Maßnahmen für Livorno, das man zum Freihafen erklärt hatte, stagnierten hier Handel und Industrie, da sie von bizarren Zöllen und Verordnungen in ihrer Entfaltung behindert wurden. So gelingt es nicht, mit der wirtschaftlichen Entwicklung der großen europäischen Monarchien Schritt zu halten. Die Toskana als Manufaktur- und Handelsraum degeneriert immer mehr, und die Landwirtschaft erhält allmählich wieder das Übergewicht. Doch den wirtschaftlichen Niedergang kann sie auch nicht aufhalten. Viel Land, vor allem unveräußerlicher Kirchenbesitz, wird schlecht bewirtschaftet.

Die Geschichtsschreibung des 19. Jahrhunderts hat im allgemeinen ein negatives Bild der Medicidynastie gezeichnet. Dies beruht nicht zuletzt auf dem Vergleich mit ihren Nachfolgern, den Großherzögen von Lothringen, und deren aufklärerischen Reformen.

Allzuleicht übersehen wurde dabei die Förderung, welche Kunst und Wissenschaften durch die Medici erfuhren.

Ihr Mäzenatentum, das sich würdig in die große Florentiner Tradition einreiht, bereicherte die künstlerische Substanz der Toskana enorm und verlieh zahlreichen Städten ihren unverwechselbaren Charakter.

Kardinal Leopold gründete die Akademie von Cimento (1657); Ferdinand II. protegierte Galilei nach der Verurteilung durch die Kirche, gründete die Palatinrepublik, trug die Kunstsammlungen der Familie in der Pitti- und der Uffiziengalerie zusammen, die seine Tochter Anna Maria Ludovica durch ihr Testament von 1745 auf ewig mit der Stadt Florenz verband.

Das *Studio Generale* von Pisa, das Cosimo I. erneuert hatte, war das Zentrum der philosophischen Debatten des 16. Jahrhunderts; große Gelehrte wurden nach Florenz, Pisa und Siena berufen. Und nicht nur in Florenz, sondern auch in Pistoia, Siena und Arezzo standen Musik und Theater in Blüte.

Ein ausgeglicheneres historisches Urteil hat zu Recht die positiven Seiten der Mediciherrschaft herausgestellt, die in eine Zeit fällt, zu der sich das übrige Italien in wirtschaftlicher und politischer Dekadenz befindet. Dieser Sicht haben die Region Toskana und die Stadt Florenz in den letzten Jahren Rechnung getragen, indem sie gerade die künstlerischen und wissenschaftlichen Werke jener Epoche durch wichtige Ausstellungen und Veranstaltungen würdigten.

Der aufklärerische Reformismus der Lothringer

Nachdem der Großherzog Gian Gastone 1737 gestorben war, besaß die Dynastie der Medici keine Erben. Die großen europäischen Mächte beendeten die Erbfolgekriege durch ein kompliziertes Gleichgewichtssystem, in dessen Rahmen das Großherzogtum Toskana Franz Stephan von Habsburg-Lothringen zugesprochen wurde, der es durch den Regenten Prinz Marco von Craon (1737–1765) regieren ließ. Sein Nachfolger wurde der Großherzog Pietro Leopoldo (1765–1790). Die Lothringer gehörten zu den aufklärerischen Herrschern des 18. Jahrhunderts und riefen Reformen und Erneuerungen ins Leben, an denen sie die größten Persönlichkeiten und Talente der Toskana beteiligten.

Auf rechtlicher Ebene hoben sie, um die Gleichheit der Bürger vor dem Gesetz festzulegen, die Privilegien der Gerichtsbehörden, das Asylrecht der Kirche und die überholten Strukturen der Feudaljustiz auf. Mit der Abschaffung des Heiligen Offiziums geriet dabei der Staat allerdings mit der Kirche in Konflikt. Dennoch blockierte Pietro Leopoldo diese Reformen nicht: die landwirtschaftlichen Güter der Kirche wurden ebenso aufgehoben wie das künstlerische Korpswesen, die «Kunststände», auch wurde die Handelsfreiheit proklamiert. Der Agrarlandbesitz der Medici, des Stephansordens und der kirchlichen Stifte wurde öffentlich versteigert und die Zünfte abgeschafft. Mit ersten Entwässerungsanlagen in den Maremmen und der Förderung neuer Gutshöfe wurde ein Problem angegangen, das erst in den fünfziger Jahren unseres Jahrhunderts mit der Agrarreform gelöst sein sollte.

Den Großgrundbesitz teilte man vorwiegend in kleine Landgüter auf. Zu Beginn der Reform überwog allerdings noch der Großgrundbesitz der Adligen und des reichen Bürgertums. Vorherrschend war das System der Halbpacht. Der Großgrundbesitz bestand häufig aus Gütern, in denen einige Hundert Halbpächter zu einer landwirtschaftlichen Einheit zusammengefaßt waren, die gewisse Dienstleistungen gemeinsam nutzten. Die Toskana erhielt damals eine landwirtschaftliche Struktur, die zum Teil heute noch vorhanden ist. Durch die breit gestreuten Weiler und Einzelhöfe und das Interesse der Bauern an der vielfältigen Nutzung des Landes – für Weizen, Wein, Öl, Schlagholz und Saatgut –, und zwar nicht nur für die Selbstversorgung, sondern auch den Verkauf in den Städten, nahm die Toskana jenes liebliche und kultivierte Gesicht an, das aus der intensiven Zuwendung der Bewohner zu ihrer Arbeit entsteht.

Eine gemäßigte Dezentralisierung der Verwaltung wurde begleitet von Beratungsstellen in den Provinzen und einem zentralen Organ, das allerdings wie früher den besitzenden Klassen diente.

Der strenge und reformerische Zweig der Toskaner Kirche im 18. Jahrhundert fand einen angesehenen Vertreter in Scipione de Ricci, der 1780 zum Bischof von Pistoia und Prato ernannt wurde. Um ihn herum sammelte sich ein Jahrzehnt lang der italienische Jansenismus. Mit Unterstützung des Großherzogs verwirklichte er in seiner Diözese Reformen, die für die damalige Zeit mutig waren.

Pius VI. verurteilte sie und de Ricci fand später weder in Ferdinand III. (1790–1801; 1814–1824), dem Nachfolger von Pietro Leopoldo, noch in den napoleonischen Regimen ausreichende Unterstützung. Verschiedene Aufstände der abergläubischen und traditionsverhafteten niederen Schichten gegen die Kirchenreform auf der einen und die Angst vor einer Verbreitung der französischen Revolutionsideen auf der anderen Seite bewegten Ferdinand III. zu einer gemäßigten Politik, jedoch ohne die Reform völlig fallenzulassen.

Die napoleonische Zeit

Die Intervention französischer Heere nach der Großen Revolution brachte auch in der Toskana jakobinische Ideen und stürmische Veränderungen in die politische Ordnung. Der kleine Staat von Massa und Carrara, in dem es revolutionäre Fermente gab und der zum Schluß von Maria Theresa Cybo von Österreich und Este regiert wurde, vereinigte sich 1797 mit der Zisalpinischen Republik, deren Schicksal es bis 1805 teilte. Kurz darauf marschierten französische Truppen in der Republik Lucca und im Großherzogtum ein.

Die Erfolge der österreichischen und russischen Truppen gegen die Franzosen, die alle Errungenschaften der napoleonischen Kampagne von 1796 und 1797 verloren, wurden überall in Italien von Volkserhebungen begleitet, der sogenannten *Insorgenza*. Es handelte sich dabei vor allem um Bauern, die, der Diebstähle und Plünderungen des französischen Heeres müde, von religiösem Fanatismus und Aberglauben beseelt waren und welche die Franzosen, die Jakobiner der Toskana sowie die Juden unterschiedslos haßten. Mit dem Schlachtruf *«Viva Maria!»* beginnen die Erhebungen in der Gegend um Arezzo, wo das überwiegende Element der einfachen Landleute zusammen mit der kulturellen Reaktion einen Block gegen die neuen Ideen bildet. Sie dehnen sich dann weiter auf das Casentino, auf Valdarno und Siena aus, wo furchtbare Massaker an Juden und «Jakobinern» verübt werden. Diese Armee sanfedistischen Typs marschierte in Florenz ein, proklamierte die Restauration des Großherzogtums und begann mit Prozessen gegen Tausende von Personen, die verdächtigt wurden, Jakobiner zu sein. Erst im Juli 1799 gelingt es österreichischen Truppen, wieder eine gewisse Ordnung herzustellen.

Doch die Restauration währt nur kurze Zeit. Napoleon, aus Ägypten zurückgekehrt, schlägt die Österreicher in Marengo (14. Juni 1800), und mit dem Vertrag von Lunéville (1801) festigt er erneut seine Macht in Italien.

In Lucca wird eine demokratische Republik errichtet; das Großherzogtum, das den Präsidialstaat annektierte, wird in das Reich Etrurien umgewandelt und den spanischen Bourbonen zugeteilt, wo erst Marie Luise und dann Karl Ludwig herrschen; Elba und Piombino werden mit Frankreich vereinigt.

1805 dekretierte der napoleonische Nepotismus für die Schwester des Herrschers, Elisa, mit einem Bacciocchi verheiratet, das heterogene Fürstentum von Lucca und Piombino, dem 1806 Massa, Carrara und Elba angegliedert wurden. 1807 wurde das Reich Etrurien Frankreich angeschlossen und in die drei Departemente Arno (Florenz), Mittelmeer (Pisa) und Ombrone (Siena) aufgeteilt. Durch Dekret wurde es 1809 eigens für Elisa wieder in den Rang eines Großherzogtums erhoben; sie vertrat ihren kaiserlichen Bruder in der Toskana und hielt im Pittipalast Hof.

Mit diesen Dekreten bekam die Toskana zum ersten Mal eine grundlegende, einheitliche politische Ordnung. Der Unterschied zwischen dem Fürstentum der Baciocchi und den Departementen des französischen Kaiserreiches war rein formeller Natur, da in der ganzen Region einheitliche rechtliche wie wirtschaftliche Voraussetzungen geschaffen wurden, die sich am französischen Vorbild orientierten.

Der alte Konformismus von Lucca wurde erschüttert. Die Auflösung der Klöster machte ihren Grundbesitz verfügbar und stärkte das Bürgertum. Eine üppige Hofhaltung erneuerte die Traditionen und erfüllte die Städte mit neuem Leben.

Im ehemaligen Großherzogtum wurde die Auflösung der religiösen Orden und der Zünfte, die von Pietro Leopoldo begonnen worden war, zu Ende geführt. Das Katasterwesen und Einwohnermeldeämter wurden eingerichtet, die kaiserliche Akademie gegründet, neue Straßen angelegt, die ebenso wie ein Handelskodex Industrie und Handel erleichterten, und in Livorno wurde eine Handelskammer eröffnet.

Viele der neuen Gesetze, die den Modernisierungsanforderungen entsprachen, wurden auch nach der Restauration beibehalten. Napoleon ordnete in der Toskana wie in anderen italienischen Regionen an, daß Kunstwerke und wertvolle historische Dokumente nach Paris übergeführt wurden; dies nährte den wachsenden Unmut auch unter den Italienern, die bisher und von Anfang an zu den Bewunderern Napoleons gehört hatten.

Die Französische Revolution und die erste Phase der napoleonischen Intervention hatten unter den fortschrittlichen Schichten des Bürgertums Hoffnungen hervorgerufen: auf Unabhängigkeit und die nationale Einheit Italiens, obgleich es darüber unterschiedliche Auffassungen gab. Die Vorherrschaft der französischen Interessen und der persönlichen Macht Napoleons, die andauernden Eroberungskriege, die wachsende Steuerlast und die Polizeikontrollen dämpften den Enthusiasmus und riefen schließlich wachsende Opposition hervor. Dieser Widerstand gegen das Kaiserregime war bald generell anzutreffen. Die Reaktionäre und Konservativen wünschten die Rückkehr zum alten Regime, die Liberalen – im ursprünglichen Sinn des Wortes – wollten den napoleonischen Despotismus stürzen und auf dem Weg der Reformen und zur Unabhängigkeit voranschreiten.

Der Zusammenbruch des Reiches verlief mit den ersten militärischen Niederlagen noch schneller als sein Aufstieg. 1814 besetzte Gioacchino Murat auch die Toskana in seinem romantischen Versuch, die liberalen Kräfte zu sammeln, um ein unabhängiges italienisches Königreich zu schaffen. Aber das Abenteuer nahm einen katastrophalen Ausgang, und in den ersten Monaten des Jahres 1815 marschierten österreichische Truppen in der Toskana ein.

Die stürmischen zwanzig Jahre zwischen 1795 und 1815 waren aber dennoch nicht spurlos vorübergegangen. Das Bürgertum hatte sich entwickelt und hegte weiterhin jene Freiheits- und Unabhängigkeitsideen, welche die napoleonischen Armeen selbst gesät hatten, bevor sie sie mit Füßen traten. Etliche Toskaner Aristokraten und Intellektuelle hatten – auch in hohen Funktionen – an der modernen Verwaltung des napoleonischen Staates teilgenommen und so wertvolle Kenntnisse erworben.

Nach vielen Jahrhunderten hatten wieder italienische Militäreinheiten in ganz Italien gekämpft. Es war kein Zufall, daß in den darauffolgenden Jahrzehnten viele Anführer von Freiwilligenkorps der italienischen Patrioten ehemalige napoleonische Offiziere waren. Viele Historiker sehen das Erbe der napoleonischen Zeit als einen der Bestandteile, die zum Risorgimento führten.

Von der Restauration zur Einigung Italiens

Die Entscheidungen, welche die Großmächte beim Wiener Kongreß zur politischen Ordnung der Toskana trafen, waren Teil einer klug durchdachten Dosierung von Gewichten und Gegengewichten. Insgesamt realisierten sie das Gleichgewichtsprinzip des 18. Jahrhunderts, indem sie Kompromisse zwischen den expansionistischen Bestrebungen der stärkeren Staaten aushandelten. Dabei berücksichtigte man — soweit wie möglich — auch das Prinzip der Legitimität, da man nicht gleich wieder Revanchegelüste wecken wollte.

Das alte Großherzogtum Toskana wurde Ferdinand von Habsburg-Lothringen, dem jüngeren Bruder des österreichischen Kaisers, zurückgegeben; das Territorium jedoch um den Präsidialstaat, Elba und das Fürstentum Piombino erweitert. Das Herzogtum Massa-Carrara wurde auf Lebzeiten Maria Beatrice Cybo von Österreich und Este übergeben; nach ihrem Tod (1829) ging es an Ferdinand IV. von Österreich und Este, Herzog von Modena, über. Das Herzogtum Lucca wurde den spanischen Bourbonen zugesprochen (Maria Louise, dann Karl Ludwig), um später mit dem Großherzogtum vereint zu werden, als nach dem Tod von Maria Louise von Österreich (1847) die Bourbonen erneut in ihr Herzogtum Parma zurückkehren.

Mit dieser komplizierten Aufteilung wurde — im Gegensatz zu den Ideen der Revolution — der Willen der Bürger ignoriert, sie wurden als bloße Untertanen behandelt; auch auf internationaler Ebene beachtete das Gleichgewicht nur die Staaten und nicht die Nationen.

Diese Ordnung garantierte in Europa zwar für einige Jahrzehnte den Frieden, jedoch nur so lange, wie es den Regierungen gelang, die nationalen und liberalen Unabhängigkeitsbewegungen durch Prozesse, Einkerkerungen und Todesurteile zu unterdrücken.

Die politische Ordnung der Toskana von 1815 spiegelt die Vorherrschaft Österreichs in Italien wider. Österreich war das Bollwerk der Restauration und die wichtigste der Kräfte, die sich gegen Revolution und Unabhängigkeit zusammengefunden hatten. Aber nicht überall verlief die Restauration gleich. Paradoxerweise widersetzten sich gerade die Staaten Metternichs Anweisungen gegen die Liberalen, in denen Prinzen regierten, die mit dem Hause Österreich irgendwie verwandt waren: Maria Louise in Parma und die Lothringer in der Toskana.

Um vergessen zu machen, daß auch er ein Sohn der Restauration war, schuf Ferdinand III. in der Toskana eine friedliche Atmosphäre, die innerhalb des offiziellen

Fortsetzung Seite 55

33

DAS TOSKANISCHE BERGLAND

9

10

11

12

13

14

15

16

19

20

21

22

23

24

25

26

27

28

29

30

31>

33

34

35

36

37

38

39

40

Konformismus durch eine gutmütige Toleranz gekennzeichnet war. Die Toskana war die einzige Region Italiens, in der die Freigeister – wenn auch vorsichtig und diskret – noch unzensierte Urteile in Sachen Politik und Religion abgeben konnten. Viele Liberale, welche die massiven Einschränkungen in den anderen italienischen Staaten nicht mehr ertrugen, flüchteten in die Toskana. Auch der Großherzog selbst bezog sich, zumindest kulturell, auf die aufklärerische Tradition von Pietro Leopoldo.

Die ersten Aufstände des Risorgimento von 1820 und 1821 in Piemont sowie 1831 in Modena und Bologna fanden in der Toskana wenig Echo, und auch die «Sekten» (Carboneria-Bewegung, Freimaurer) waren hier viel weniger präsent als im restlichen Italien.

Zwischen 1821 und 1831 wütete eine reaktionäre Offensive in Italien. Der Versuch derjenigen, die der Epoche vor der Aufklärung nachtrauerten, eine eigenständige kulturelle Bewegung ins Leben zu rufen, die nationalen Charakter tragen und die kreativsten Intellektuellen anziehen sollte, blieb erfolglos.

Gerade in jenen Jahren veröffentlichten Manzoni, Leopardi, Rosmini, Balbo, Romagnosi, Colletta, Pepe, Tommaseo und viele andere, die alle im liberal-gemäßigten Umfeld standen, einige ihrer berühmtesten Werke. Die Toskana bildete damals dank ihrer Tradition und ihres politischen Klimas einen Treffpunkt der intellektuellen Kräfte Italiens – und einen Kristallisationspunkt für eine nationale italienische Kultur.

Die wichtigste Initiative war die Eröffnung des literarisch-wissenschaftlichen Kabinetts in Florenz 1819, das bedeutende Aktivitäten italienischer Intellektueller verzeichnete, die auch in Konferenzen und Versammlungen ihren Niederschlag fanden. 1821 wurde die mit dem *Kabinett* verbundene Zeitschrift *Antologia* veröffentlicht, in der Literaten, Historiker und Wissenschaftler aus ganz Italien sich zu Wort melden. Beide Institutionen wurden von Gian Pietro Vieusseux ins Leben gerufen: ein Genfer Protestant, der von der Kultur der Aufklärung durchdrungen war und sich in Florenz niedergelassen hatte. Er war nicht nur Literat, sondern auch ein hartnäckiger Organisator – beseelt von einem enthusiastischen Glauben an den Fortschritt und die moralische Nützlichkeit der Kultur. Die bekanntesten italienischen Intellektuellen arbeiteten eng mit Vieusseux zusammen; unter ihnen befanden sich Guio Capponi, Cosimo Ridolfi, Raffaello Lombruschini und Bettino Ricasoli, die später den Kern der «Gemäßigten», der zukünftigen Regierungsklasse bilden sollten.

Die *Antologia* mußte 1832 auf Betreiben Österreichs eingestellt werden. Weiter bestehen konnte jedoch das *Archivio Storico Italiano*, eine toskanische Zeitschrift, die heute noch existiert. Neu belebt wurde die *Akademie der Geogiofili*, wo wichtige wissenschaftliche Debatten, besonders über die Agrarpolitik, stattfanden. Nationale Wissenschaftskongresse wurden in Pisa (1839), Florenz (1841) und Lucca (1843) abgehalten.

Die revolutionären Ereignisse von 1848 erschütterten diese kreative Eintracht in der Toskana zutiefst. Die radikaldemokratische Gruppe um Guerrazzi und Montanelli in Livorno, eine der ersten Arbeitervereinigungen, brachte die «Gemäßigten» in Schwierigkeiten: Sie drängte auf die toskanische Beteiligung an einem Unabhängigkeitskrieg, schlug eine nationale Verfassung vor und weckte schließlich soviel politische Unruhe, daß der Großherzog Leopold II. es vorzog, aus Florenz zu fliehen.

Nach den Niederlagen des piemontesischen Heeres ändert sich die Situation jedoch radikal: Leopold II. kehrt 1849 mit Hilfe österreichischer Truppen, die das Großherzogtum besetzen, nach Florenz zurück, und macht fortan die repressive Wiener Politik zu seiner eigenen. Damit wurde das Vertrauensverhältnis, das zwischen dem Großherzogtum und den «Gemäßigten» bestanden hatte, tiefgehend gestört.

Die «Gemäßigten» unterstützen die Propaganda der Nationalen Gesellschaft, die von den Unabhängigkeitsideen in Piemont inspiriert ist. Als zwischen Frankreich und Piemont auf der einen und Österreich auf der anderen Seite erneut ein Krieg ausbricht, greifen Freiwillige ein. In Florenz hat der patriotische Aufstand im April 1859 vollen Erfolg, da er auch von dem dort stationierten Heer, das für die nationale Sache gewonnen worden war, unterstützt wird. Der Großherzog flieht – dieses Mal für immer. Die provisorische Regierung, die sich um Bettino Ricasoli gebildet hat, proklamiert das Ende der Lothringerdynastie und bereitet den Anschluß der Toskana an das italienische Königreich vor. Er wird im März 1860 durch das Volk beschlossen. Von diesem Moment an ist die Geschichte der Toskana auch die Italiens.

Die Toskana heute

Die Bevölkerung

Bezüglich der Einwohnerzahl steht die Toskana mit rund 3,5 Millionen an neunter Stelle unter den italienischen Regionen. Die natürliche Bevölkerungsbewegung (Differenz zwischen Geburten und Todesfällen) der Toskana entspricht den industrialisierten Regionen Norditaliens. Im letzten Jahrzehnt hat sich – im Gegensatz zu Süditalien – der Geburtenüberschuß in einen Sterbeüberschuß verwandelt.

Doch auch in der Toskana besteht ein Nord-Süd-Gefälle. Die Bevölkerung ist ungleich über die Region verteilt. Über 80 Prozent der Siedlungen liegen in einem Dreieck mit den Eckpunkten Massa Carrara, Florenz und Livorno. Eine zusätzliche Konzentration bildet das Ballungsgebiet zwischen Florenz und dem Tyrrhenischen Meer.

Die Wanderungsbewegungen hingegen fallen weniger ins Gewicht. Die letzten verfügbaren Daten zeigen für 1978 einen Einwanderungsüberschuß von nur 190 Erwerbstätigen. Diese Daten stimmen mit dem gesamtitalienischen Verhältnis überein: 1978 standen 85550 Emigranten 89497 Rückwanderern gegenüber, was vor allem die schlechte Beschäftigungslage in West- und Mitteleuropa widerspiegelt.

Die Toskana hat einen ähnlichen Wandel in der Erwerbsstruktur erlebt wie die meisten industrialisierten Regionen Europas: der Anteil der in Landwirtschaft und

Industrie Tätigen sinkt zugunsten des Dienstleistungssektors. 1970 lebten in der Toskana noch fast vierzehn Prozent der Erwerbstätigen von der Landwirtschaft, 1978 nur noch zehn Prozent; der Industrieanteil sank in diesen acht Jahren um rund zweieinhalb Prozent. Diese Entwicklung gilt zwar auch für Italien als Ganzes, nicht aber für einige der südlichen Regionen.

Die Wirtschaft

Die Toskana gehört zu den wohlhabenderen Regionen Italiens. Betrug ihr Anteil an der Gesamtbevölkerung des Landes 1978 6,1 Prozent, so war derjenige am Volkseinkommen mit 6,9 Prozent deutlich über dem Durchschnitt. Vergleicht man die Prokopfwerte, zeigt sich die Brückenstellung der Toskana im italienischen Nord-Süd-Gefälle. Beziffert man den Landesindex mit 100, erreicht die Toskana ein Prokopfeinkommen von 109 – die hochindustrialisierten Regionen Norditaliens hingegen 123 und Süditalien 69.

Die Landwirtschaft

Die Konsequenzen aus der rapiden Industrialisierung, die sich zwischen 1952 und 1973 vollzog, prägen heute die Wirtschaft der Toskana. Man braucht nur daran zu erinnern, daß 1954 die Bauern noch 39 Prozent aller Erwerbstätigen ausmachten; 1973 zwölf Prozent und heute noch zehn Prozent.

Die Landflucht verlief äußerst stürmisch und hatte ernste strukturelle Folgen. Schon im historischen Teil sahen wir, wie sorgfältig das Land vor allem in den Hügelgebieten der Toskana bearbeitet wurde – durch Bewässerungsanlagen, Wege, Grenzmäuerchen und geschickte Bebauung des Bodens. Durch die Abwanderung ging in wenigen Jahren viel von dieser Landschaftspflege verloren, was Vergandung und Bodenerosion nach sich zog und mancherorts Erdrutsche und Überschwemmungen ermöglichte – wie etwa 1966 in Florenz.

Das System der Halbpacht ist in eine irreversible wirtschaftliche Krise geraten. Der Halbpachtbetrieb – mit mehreren Anbauarten auf sehr kleinem Terrain – hatte sich vor allem dank der Selbstversorgung der Bauern halten können und weil die Tätigkeit der Familie entweder unterbezahlt oder – was Frauen und Kinder betrifft – überhaupt nicht entlohnt wurde.

Mit der Möglichkeit, in der Industrie oder im tertiären Sektor Arbeit zu finden, setzte die Landflucht ein. Hauptsächlich die jüngeren Arbeitskräfte – Frauen und Männer – verließen massenweise das Land. Der Halbpachtbetrieb oder die landwirtschaftlichen Güter, die einen Teil ihrer Ländereien an Halbpächter vergaben, mußten Landarbeiter anstellen, sich vollkommen umorganisieren und eine auf den Markt zugeschnittene, spezialisierte Produktion aufziehen. Diese Umstrukturierung hält noch heute an. Allein in der Zeit zwischen 1965 und 1977 ist die Zahl der Halbpächter von 60 000 auf 20 500 zurückgegangen, und sie schrumpft noch weiter.

Ein zusätzliches Problem ist die Überalterung in der Landwirtschaft. Zwischen 1951 und 1971 sank der Anteil der Beschäftigten unter 30 Jahren von 23 auf neun Prozent in diesem Sektor. Die Landflucht der Jüngeren scheint allerdings ihren Höhepunkt überschritten zu haben. Seit 1974 ist die Anzahl der Schüler in den landwirtschaftlichen Schulen um 22,5 Prozent und die der Studenten an den beiden Landwirtschaftsfakultäten der Toskana (Universität Florenz und Pisa) um 30 Prozent gestiegen. Die Spezialisierung und der Einsatz von modernen technischen Hilfsmitteln haben die Landarbeit erleichtert.

Der Weinbau ist immer noch Spitzenreiter der toskanischen Landwirtschaft. 17,5 Prozent beträgt sein Anteil am Bruttosozialprodukt. In diesem arbeitsintensiven Zweig sind 50 Prozent der Landarbeiter tätig. 1978 betrug die Produktion 4 102 000 Hektoliter (in Italien 69 960 000 Hektoliter). Der bekannteste Toskaner Wein, der klassische Chianti (1978: 330 000 Hektoliter), dessen Anbaugebiet 1716 vom Großherzog der Toskana abgesteckt wurde, besitzt heute eine Produktionsstruktur und eine Handelsorganisation, die den Forderungen eines gehobenen internationalen Marktes angemessen sind.

Der Getreideanbau ist nach wie vor von großer Bedeutung — immerhin stammen sieben Prozent der nationalen Weizenproduktion aus der Toskana. Auch der Obst- und Gemüseanbau ist konkurrenzfähig. Mit der Blumenzucht wurde erst vor kurzem in dem Gebiet von Pescia (Pistoia) und in der Provinz Pisa begonnen, doch beträgt der Ertrag daraus bereits sieben Prozent des landwirtschaflichen Produktionswerts. Solche Erzeugnisse werden heute zunehmend als gut identifizierbare Qualitäts- und Markenprodukte vertrieben. Sogar in der Produktion von Olivenöl (fünf Prozent der landwirtschaftlichen Wertschöpfung), die vor allem auf die Hügelgebiete konzentriert ist, tendiert man zur Einführung eines Qualitätssiegels, um den Markt auszuweiten und den Konsumenten über Wert, Echtheit und Güte des Öls aufzuklären.

Die Viehzucht befindet sich in der Toskana — wie in ganz Italien — in einer tiefen Krise. Durch die allgemeine Landflucht verschwanden auch die Viehställe der Kleinbauern. Große Rinderzuchtbetriebe entstanden jedoch bisher nicht, da man nicht an ihre Rentabilität glaubt. Schuld an dieser unsicheren Lage gibt man auch der EG-Politik, die in ihren Richtlinien die nord- und westeuropäischen Länder privilegiert, die bereits Fleisch- und Milchüberschüsse erzeugen.

Ein wichtiges Anliegen der Toskaner Landwirtschaft ist der Produktionsausgleich zwischen den verschiedenen Gebieten. Die Trockenlegung der Maremmen, die im 18. Jahrhundert begonnen hatte, wurde in den fünfziger Jahren abgeschlossen und die Bodenreform in weiten Teilen der Südtoskana realisiert. Sie umfaßt heute insgesamt ein Gebiet von 600 000 Hektar. Ein Teil dieses Landes wurde durch Entschädigungszahlungen enteignet, parzelliert und an die Bauern verteilt (85 000 Hektar in der Provinz Grosseto und 25 000 in Siena, Livorno und Pisa. Die neuen Landbesitzer gründeten Genossenschaften. Diese Reform befriedigte jedoch nur zum Teil: Die

Parzellen (zwischen zwei und fünf Hektar) erwiesen sich oft als zu klein, so daß auch hier Höfe aufgegeben wurden.

Eine sinnvolle Nutzung des verlassenen, brachliegenden Landes, eine ertragreiche Produktion auf den trockengelegten Böden, die Entwicklung der Viehwirtschaft, die Ausdehnung und vermehrte Bewirtschaftung des Waldes (etwa 38 Prozent der Toskana sind bewaldet) – das sind wichtige Zukunftsaufgaben der Region.

Die Industrie

Die statistischen Erhebungen ergeben, daß der Industrialisierungsgrad der Toskana über dem Landesdurchschnitt, jedoch deutlich unter dem Niveau Norditaliens liegt. Zum Beispiel betrug 1978 in der Lombardei der Anteil der Beschäftigten in der Landwirtschaft 4,4 Prozent (9,6 Prozent in der Toskana) und in der Industrie 50,8 Prozent (41,7 Prozent in der Toskana). Die Toskana stellt in dieser Hinsicht gewissermaßen ein Scharnier zwischen Nord und Süd dar.

Einige Industriezweige haben in der Toskana eine lange Tradition – vor allem der Bergbau. Aus Elba kommen jährlich etwa drei Fünftel der sehr bescheidenen Eisenerzförderung Italiens. Damit werden die Hochöfen von Piombino gespeist.

Berühmt sind die antiken Steinbrüche von Carrara, die immer noch in Funktion sind: Jährlich werden dort etwa 700 000 Tonnen weiße Marmorblöcke gebrochen. Immer mehr nimmt hingegen die Produktion der Zinnoberbergwerke von Abbadia San Salvatore ab, wo man Quecksilber gewann.

Auf dem Sektor des Maschinenbaus existieren vor allem mittelgroße Betriebe. In Pontedera (Pisa) gibt es beispielsweise eine Fabrik für Motorroller und Autoteile; in Florenz stellt ein Werk, das zum Staatskonzern ENI gehört, mit modernster Technologie Maschinen und Anlagen für die Erdölindustrie, die petrochemische und die Textilindustrie her. Die ENI unterhält in der Toskana – in Arezzo – auch eine wichtige Konfektionsindustrie. Außerdem gibt es ein Werk, das in Pistoia Eisenbahnbestandteile herstellt, und die Werften von Livorno, die alle zu Konzernen gehören, an denen der Staat beteiligt ist.

Aber die schnelle industrielle Entwicklung der Toskana, die Mitte der fünfziger Jahre begann, basierte nicht auf der Großindustrie, sondern stützte sich vielmehr auf Klein- und Mittelbetriebe. In der ganzen Region gibt es nur sieben Werke mit mehr als 2000 Beschäftigten (in ganz Italien sind es 170), und kein Industriekomplex beschäftigt 10 000 oder mehr Personen. Aus den letzten, 1971 vom Staat vorgenommenen Erhebungen im industriellen Sektor geht hervor, daß die Zahl der Industriebetriebe (Handwerksbetriebe eingeschlossen), die weniger als 200 Arbeitnehmer beschäftigen, auf nationaler Ebene 62 Prozent beträgt. Dieser Prozentsatz hat sich bis heute nicht wesentlich verändert.

Doch obwohl in der Toskana keine riesigen Industrieanlagen stehen, treibt sie fast mit der ganzen Welt Handel. So ist der Export verhältnismäßig hoch – sieben Prozent des gesamten Exportwerts Italiens. Tuch aus Prato, Felle, Leder, Schuhe, Konfektionswaren, Glas und Kristall, Keramik, Möbel, Marmor und Chianti gehen in alle Erdteile. Trotz großer Mengen, mit denen die internationalen Märkte beliefert werden, haben vier Fünftel dieser Produkte ihren handwerklichen Charakter bewahrt – ein Beweis für den lebendigen Unternehmergeist, sagt man in der Toskana.

Das «Geheimnis» des Toskaner Industriemodells liegt einmal in der «Arbeit für Dritte», zum anderen in der Aufsplitterung der Produktionszentren und basiert schließlich auf der Fähigkeit der dynamischsten Unternehmer, je nach den Erfordernissen des Marktes Kleinproduzenten und Handwerker für sich zu mobilisieren. Die Betriebe sind zwar klein, jedoch in der Lage, auf diese Weise wie ein Konzern zu arbeiten.

Ein typisches Beispiel für das Toskaner Modell ist das Textilzentrum von Prato, das zwanzig Kilometer von Florenz entfernt liegt. Die Filz- und Flanellherstellung geht in Prato auf das Mittelalter zurück. Mitte des letzten Jahrhunderts begannen die Unternehmer von Prato, sich auf die Aufbereitung von Wollumpen zu spezialisieren. Doch der rasante Aufstieg der Stadt erfolgte mitten in der Krise der traditionellen Textilindustrie vor 30 Jahren, als man begann, ausschließlich aufbereitete oder «mechanische» Wolle zu verarbeiten.

Große Posten getragener Wäsche, von Kleidern und Lumpen werden in der ganzen Welt aufgekauft, sortiert, zerrissen, chemisch behandelt. Die Wolle der so entstandenen Stoffballen wird daraufhin gekämmt und versponnen. Die Kosten für den «Rohstoff» betragen nur die Hälfte derjenigen für frische Wolle. Zusammen mit anderen Fasern wird diese Wolle zu farbigen Stoffen verwebt; die Hälfte davon wird exportiert.

Das Industriegebiet von Prato zählt ungefähr 300 000 Einwohner und umfaßt dreizehn Gemeinden. 1 500 Industriebetriebe (mit durchschnittlich 30 Arbeitnehmern) und 8 500 Handwerksbetriebe (die zumeist in Heimarbeit produzieren und Familienmitglieder beschäftigen) sind hier angesiedelt. Prato ist die unerklärte Welthauptstadt der Kammgarnwolle. Jede dritte von vier Spindeln, die in der italienischen Textilindustrie rotieren, wird hier in Bewegung gesetzt. Siebzig Prozent der erwerbstätigen Bevölkerung dieses Gebiets arbeiten in der Textilbranche. Der Produktionsprozeß ist im höchsten Grade rationalisiert. Jeder Kleinbetrieb – ob auf handwerklicher oder industrieller Basis – führt nur einen Arbeitsgang aus wie zum Beispiel Auswählen, Zerreissen, Entfernen der Nähte. Sie liefern Unternehmern (den *Impannatori*) zu, die das Verkaufsrisiko für die von ihnen kreierten Modelle tragen. Die Vergütung der einzelnen Arbeitsgänge wird durch Tarife geregelt, die periodisch zwischen den verschiedenen Interessenvertretern dieser Branche ausgehandelt werden. Der Erfolg hängt von der Dynamik, der Flexibilität, den Ablieferungsterminen, der präzisen Ausführung und der Phantasie ab. Da jede technische Neuerung sofort Eingang in den Produktionsprozeß findet, ist Prato in den letzten Jahren auch zum internationalen Zentrum der Kunstpelzherstellung aufgestiegen.

Dieses Toskaner Industriemodell, das in Prato seinen sinnfälligsten Ausdruck findet, hat auch Wirtschaftskrisen relativ gut überstanden. Dennoch weist es einige negative Seiten auf. Der Erfolg basiert vor allem auf der weitverbreiteten Schwarz-arbeit; das Modell funktioniert, weil für viele Arbeiten keine Sozialleistungen und Lohnsteuern gezahlt werden und auch die Überstundenlimite nicht respektiert wird, die in den Gewerkschaftsverträgen festgelegt ist. Deshalb scheinen auch die Arbeits-losenzahlen, deren Rate mit 1,3 Prozent angegeben wird, so niedrig.

Paradoxerweise trifft man diese Art der Selbstausbeutung (insbesondere unter den Handwerkerfamilien) in einer Region an, in der mehrheitlich die Kommunistische gemeinsam mit der Sozialistischen Partei regiert. Die Schwarzarbeit brachte anderer-seits einen breitgestreuten Wohlstand. Dies ist wahrscheinlich auch der Grund dafür, daß die Gewerkschaften, trotz lauer Proteste, nie eine wirkliche Offensive gegen diese nichtinstitutionalisierte Arbeit geführt haben. Die kommunistisch-sozialistische Regierung der Toskana hat das vor einigen Jahren in einer Neujahrsbotschaft folgen-dermaßen ausgedrückt: «Der starke Anstieg der nichtoffiziellen Arbeit und die Bereitschaft der Toskaner Werktätigen, sie zu akzeptieren [40 Prozent der Heim-arbeiter ganz Italiens leben in der Toskana], haben die Arbeitskosten verringert und zeugen von der Opferfähigkeit unserer werktätigen Bevölkerung.»

Die Industriestruktur ist natürlich nicht in allen Gebieten gleich. In den Provin-zen Florenz, Pistoia und Arezzo liegt der Anteil der Handwerker im Verhältnis zur arbeitenden Bevölkerung weit über dem Landesdurchschnitt Italiens. In anderen Provinzen – wie beispielsweise Grosseto und Livorno – ist dieser Prozentsatz jedoch weitaus geringer und erreicht nicht einmal die nationalen Durchschnittswerte. Eine Folge der industriellen Ballung ist die Verschmutzung der Flüsse und Strände in die-sen Zentren, da enorme Abwässermengen von den Betrieben direkt in den natürli-chen Wasserkreislauf geleitet werden. Die Region sowie die einzelnen Gemeinden sind deshalb dabei, ein einheitliches Programm durchzusetzen, das allgemein die Installation von Kläranlagen vorsieht.

Es stellt sich schließlich die Frage, ob das Industriemodell der Toskana auf lange Sicht Überlebenschancen hat. Zwei Aspekte stimmen dabei vor allem nachdenklich. Die enorme, unmittelbare Abhängigkeit von der Entwicklung der Konsumgüter-nachfrage – vor allem im Ausland – macht die Toskaner Industrie überaus krisen-anfällig. Zum anderen bestehen untergründige soziale Spannungen, besonders unter den Jugendlichen. Nicht mehr alle können die Selbstausbeutung durch Schwarz-arbeit akzeptieren, die mit zur hohen Rate an Arbeitsunfällen und Berufskrankheiten beiträgt.

Die politische Situation

Die Toskana gehört zu den «roten Regionen» Italiens, zu den mehrheitlich von Angehörigen der Kommunistischen Partei Italiens regierten.

Bei den Parlaments- wie bei den Regionalwahlen der letzten fünf Jahre war in der Toskana die Kommunistische Partei stets deutlich an der Spitze. Während ihr nationaler Anteil in dieser Zeit um 32 Prozent der Wählerstimmen schwankte,

Fortsetzung Seite 77

DAS TOSKANISCHE BERGLAND

LEGENDEN ZU DEN BILDERN 44 BIS 60:

44   Sträßchen in San Gimignano.

45   Piazza dei Priori in Volterra mit dem Priorenpalast aus dem 13. Jahrhundert. Eine mächtige Etruskerstadt, die einst Elba, Korsika und einen großen Teil der Küste beherrschte, und glanzvolle Kommune des Mittelalters, lebt Volterra heute vorwiegend vom Alabaster aus seiner Umgebung und dem Fremdenverkehr.

46   Zeichenunterricht vor dem «Etruskertor» in Volterra. Etruskisch sind allerdings nur die Zyklopensteine der Bogenwand und die rätselhaften verwitterten Köpfe.

47   Die Piazza del Campo, der muschelförmige Hauptplatz von Siena, mit dem um 1300 errichteten Rathaus. Sienas Geschichte wurde nicht vom klaren, nüchternen Geist der Florentiner geprägt, sondern eher von Leidenschaft bis zur Phantasterei. Augenfälligstes Zeugnis davon ist wohl der Dom, dessen Hauptschiff eigentlich nur als Querschiff eines viel größeren, in den Anfängen steckengebliebenen Längsschiffes gedacht war.

48   Gasse in Siena.

49, 50   Details der Fonte Gaia auf der Piazza del Campo in Siena. Der «Freudenbrunnen» wurde Anfang 15. Jahrhundert von Jacopo della Quercia geschaffen.

51 bis 53   Landschaften im Vorfrühling bei Volterra (51, 52) und Poggiboni, unweit von Siena. Die Rauchfahnen (53) stammen von Feuern, mit denen die abgeschnittenen Triebe der Weinstöcke und der Olivenbäume verbrannt werden. Der würzige Geruch verbreitet sich über die ganze Landschaft.

54   Souvenirstand auf dem Domplatz von Pisa.

55   Blick auf eine Häuserzeile am Arno von der Solferinobrücke in Pisa aus.

56   Handwerker im Hof der Musikakademie von Siena.

57   Der Schiefe Turm von Pisa. Seine berühmte Eigenschaft nahm er schon wenige Jahre nach Baubeginn (1174) an.

58, 59   Der Camposanto in Pisa, ein vom 13. Jahrhundert an errichteter Wandelgang um den Friedhof der Stadt, der seinerzeit mit Erde aus Jerusalem aufgefüllt worden war.

60   Zweimal Pisa: in der zeitlosen Größe der Sakralbauten auf dem Campo dei Miracoli, der «Wunderwiese», und im massenproduzierten, aber reich variierten Souvenirkitsch.

48

49

51

52

53

54

55

56

58

59

erreichte sie in der Toskana um 46 Prozent. Ihr größter Rivale, die Christdemokratische Partei, welche im gesamtitalienischen Durchschnitt um 37 Prozent der Stimmen gewann, mußte sich in der Toskana jeweils mit rund 28 Prozent begnügen.

Die Regionalpolitik

1970 wurden in Italien die Regionen mit «Normalstatut» – darunter auch die Toskana – geschaffen. Die Bürger der Region wählen direkt das Parlament, den Regionalrat; dieser bestimmt aus seinen Reihen die Regionalregierung *(Giunta regionale)*. Unter – tatsächlich sehr später – Anwendung der Artikel 114 bis 133 der republikanischen Verfassung (von 1947) wurden zum ersten Mal seit der Einigung Italiens die Staatsbefugnisse teilweise dezentralisiert. Die Regionen sind nun für eine Reihe von Bereichen zuständig, von denen besonders die Landwirtschaft, das Gewerbe, die Berufsausbildung, die Stadtplanung, der Tourismus, Museums- und Bibliothekenwesen, Straßenbau und -unterhalt, Wasserbau und die Errichtung öffentlicher Bauten wichtig sind. Das kürzlich verabschiedete Gesetz zur Gesundheitsreform überträgt den Regionen auch die Verwaltung der Krankenhäuser.

Doch schon bald nach der Bildung der Regionen brachen Kompetenzkonflikte mit der nationalen Regierung in Rom aus, die sich dagegen wehrte, einen Teil ihrer Bürokratie abzubauen. Zudem kommen Gelder für die Regionen allein aus Fonds, welche die Zentralregierung bestimmten Aufgabengebieten zuweist. Durch die Praxis der letzten Jahre wurde der Handlungsspielraum der Regionen genauer umrissen und in nationalen wie regionalen Gesetzen festgeschrieben.

In der Toskana versucht die Regionalverwaltung vor allem, die Mängel zu korrigieren, die sich aus der ungleichen Wirtschaftsentwicklung ergeben.

Ziel ist ein regionaler Entwicklungsplan aufgrund einer Vernehmlassung unter den politischen, gewerkschaftlichen, wirtschaftlichen und kulturellen Kräften. Dafür wurde ein spezielles Institut IRPET (Institut für die Wirtschaftsplanung der Toskana) geschaffen, das die notwendigen Untersuchungen durchführen und Projekte ausarbeiten soll. Ein erstes Programm liegt bereits vor. Dieses legt – auch quantitativ – Maßnahmen der Region fest und bildet andererseits den Bezugsrahmen für alle daran beteiligten Unternehmungen. Die vordringlichsten Maßnahmen, die zum Teil schon ergriffen worden sind, faßte man in Spezialprojekten zusammen. Eines der wichtigsten ist das «Projekt Arno», das als Pilotprojekt erstmals alle mit der Verteilung des Wassers, der Regulierung der Wasserläufe, der Überwachung des hydroökologischen Gleichgewichts sowie mit der Errichtung von Bewässerungsanlagen und Staudämmen zusammenhängenden Fragen in die Kompetenz der öffentlichen Hand legt.

Die Umweltverschmutzung und die ungleiche Entwicklung der einzelnen Gebiete sind die größten Sorgen der Region. Um Querverbindungen zu schaffen, wurde 1974 von der Regionalregierung das Amt ERTAG geschaffen, das Unternehmungen technisch und verwaltungsmäßig unterstützen und beraten soll. Auch werden Handwerksbetriebe und Kleinunternehmen, um technologisch auf dem letzten Stand und konkurrenzfähig zu sein, zur Bildung produktions- und handelstechnischer Verbundsysteme (Konsortien) aufgefordert.

Der ERTAG steht eine weitere Organisation, die FIDI TOSCANA, zur Seite, die ebenfalls 1974 geschaffen wurde. Dabei handelt es sich um eine Gesellschaft, deren Hauptträger die Region ist, welche die Garantie für die erforderlichen Bankkredite übernimmt. Sie tritt dann in Erscheinung, wenn ein Betrieb, eine Gruppe von Unternehmen oder eine Genossenschaft (die in der Toskana besonders zahlreich sind) ein Projekt zur Umstrukturierung oder Produktionsumstellung ausgearbeitet hat und finanziert haben möchte.

Mit all ihren Aktivitäten, die in einigen Beispielen angedeutet wurden, läuft die Region jedoch Gefahr, die Staatsbürokratie noch auszuweiten. Darüber sind denn auch schon lebhafte Polemiken im Gang. Doch ist die Verbundenheit der Toskaner mit der Region so stark, daß man hoffen kann, die Anfangsschwierigkeiten zu überwinden. Immerhin geht es um eine neue Autonomie, die heute – nach über einem Jahrhundert – im Rahmen einer italienischen Republik wieder möglich wird.

Das etruskisch-italische Umbrien

Für das Territorium, das der heutigen Region Umbrien entspricht, beginnt die geschichtliche Zeit im 7. Jahrhundert v. Chr. Zu jener Zeit sind in Umbrien einerseits – zwischen dem Westufer des Tibers und dem Tyrrhenischen Meer – Italiker mit indogermanischer Sprache angesiedelt und andererseits – vom Ostufer bis zum Apenninkamm – Umbrer. Diese Dualität bestimmt für viele Jahrhunderte die Geschichte Umbriens und führt auch dazu, daß die Regionalgrenzen fast bis in die Gegenwart hinein fließend sind und daher Bestrebungen zur Vereinheitlichung stets unsicher bleiben. Die unterschiedliche Landschaft unterstreicht zusätzlich diesen dualen Charakter der Region. In ihrem östlichen Teil ist sie hügelig bis gebirgig und häufig rauh und unwegsam. Dieses Gebiet setzt menschlicher Besiedlung zwar Grenzen, war aber stets gut zu verteidigen und garantiert damit die Autonomie. Das westliche Umbrien ist insgesamt lieblicher.

Ebenen findet man in der Region kaum (sie umfassen weniger als sechs Prozent ihrer Fläche), und sie beschränken sich auf Flußtäler und Hochebenen. In prähistorischer Zeit waren letztere auch noch von Seen und Sümpfen bedeckt. Erst durch jahrhundertelange Mühe der Bevölkerung, die aus den höher gelegenen Gebieten kam, konnte dieser Boden für die Landwirtschaft gewonnen werden und konnten hier Siedlungen entstehen.

Wir wissen, daß die Herkunft der Etrusker unsicher ist, ihre Kultur denen der umliegenden Völker überlegen war und daß das Gebiet, über das sie ihre Hegemonie ausübten, sehr ausgedehnt war. Innerhalb der Grenzen des heutigen Umbriens überragen zwei etruskische Zentren alle anderen an Bedeutung: Orvieto und Perugia. Ihre etruskische Vergangenheit wird durch zahlreiche Zeugnisse belegt. In ihrem urbanen Charakter weisen sie eine außergewöhnliche historische Kontinuität auf, und auch heute sind sie blühende Städte. Obwohl Perugia und Orvieto zu den anderen Zentren Etruriens am Meer und im Landesinneren Kultur- und Handelsbeziehungen pflegten, weist ihre Entwicklungsgeschichte doch eine stärkere Hinwendung zur Tiberebene und zum Land der Umbrer auf. Das unter ihrem Einfluß stehende Gebiet zog, da es einen höheren Wohlstand aufwies, ständig Gruppen italischen Ursprungs an.

Von einem bestimmten Zeitpunkt an tauchen unter den Italikern, die ursprünglich auch auf dem linken, östlichen Ufer des Tibers siedelten, Umbrer auf. Von ihnen, von ihren Ursprüngen weiß man noch sehr wenig. Belegt ist, daß sie sich unter den Stämmen befanden, die während des 2. und 1. Jahrhunderts v. Chr. aus dem Norden kommend in das heutige Gebiet Umbriens eindrangen. Obwohl es etliche archäologische Funde gibt, die prähistorische Siedlungen in Umbrien belegen, sind ihre Zuordnung zu bestimmten ethnischen Gruppen sowie ihre genaue zeitliche Einordnung bis heute nicht gelungen. Zweifellos prägt aber auch hier die Kultur von Villanova die Entwicklung.

Das einzige, jedoch sehr späte schriftliche Dokument aus der umbrischen Kultur sind die Egubinischen Tafeln, die wahrscheinlich aus der Zeit zwischen dem 2. und dem 1. Jahrhundert v. Chr. stammen. Es handelt sich dabei um sieben Bronzetafeln, die 1444 in der Nähe des römischen Theaters von Gubbio gefunden wurden. Sie enthalten Texte in umbrischer Sprache, die sich jedoch primär des etruskischen und zum geringeren Teil des lateinischen Alphabets bedienen. Die Verwendung der beiden Alphabete läßt vermuten, daß sich nicht nur Gubbio, sondern das ganze umbrische Volk zuerst im Einflußbereich des etruskischen und dann des römischen Kulturkreises befand. Auch Todi, das sich ebenfalls auf der linken Flußseite befindet, war stark etruskisiert.

Das römische Umbrien

Zwischen dem 4. und 3. Jahrhundert v. Chr. unterjochten die Römer sowohl die Umbrer als auch die Etrusker am Tiber, die sie 310 v. Chr. bei Perugia entscheidend besiegt hatten. Nach vereinzelten Aufständen versuchten 295 v. Chr. die Samniter, die Gallier, die Etrusker und die Umbrer gemeinsam bei Sentino (antike umbrische Stadt in der Nähe des heutigen Sassoferrato) die wachsende Macht der Römer zu brechen. Sie wurden jedoch von den römischen Truppen unter dem Konsul Decio Mure, der im Kampf fiel, geschlagen. Der Ausgang dieser Schlacht von Sentino – eine Art Völkerschlacht der Antike – besiegelte endgültig das Schicksal dieser Region und führte zur Einigung Mittelitaliens unter den Römern. Diese zerstörten allerdings das ethnische und kulturelle Gleichgewicht der Region nicht. Sie gründeten zwei Kolonien: 241 v. Chr. Spoletium und 229 v. Chr. Narnia. Die Romanisierung wurde 220 v. Chr. mit der Eröffnung der Via Flaminia, welche die ganze Region durchquert und Rom mit der Adria verbindet, einen entscheidenden Schritt vorangetrieben. Der Flaminia entlang entstanden neue römische Siedlungen, in denen sich römische und umbrische Elemente vermischten. Besonders Carsulae (in der Nähe des heutigen Sangemini – Provinz Terni) ist interessant. Während des Zweiten Punischen Krieges, als Hannibal in Italien einfiel und die Römer 217 v. Chr. in der Nähe des Trasimenischen Sees eine schwere Niederlage einstecken mußten, blieben die umbrischen Gebiete Rom treu. In die sozialen Spannungen, die zu jener Zeit in Rom herrschten, griffen die Umbrer ebensowenig ein und versuchten auch nicht, Vorteile für sich daraus zu ziehen. So werden sie 90 v. Chr. zu römischen Bürgern ernannt. Auch der Kampf zwischen Marius und Sulla verzeichnet in dieser Region keine entscheidenden Folgen. Hingegen wurde Umbrien in die Auseinandersetzungen, die nach dem Tod Cäsars zwischen Oktavian und Marcus Antonius um die Macht entbrannten, hineingezogen. Insbesondere die kleinen und mittleren Landbesitzer wehrten sich gegen die Beschlagnahmung ihrer Ländereien. Diese Requirierungen ohne Entgelt wurden von Oktavian wie schon vorher unter Cäsar vorgenommen, um die altgedienten Soldaten zu belohnen. Die Klagen der Enteigneten finden ihr Echo in den Werken Vergils, Tibulls und auch von Properz, der aus Assisi stammte. Die meisten Umbrer standen daher auf der Seite von Marcus Antonius. Sie schlossen sich seinem Bruder an, dem Konsul L. Antonius, der sich mit sechs Legionen nach Perugia zurückgezogen hatte. Die Stadt wurde von Oktavian belagert, ausgehungert und schließlich im Jahre 40 v. Chr. eingenommen. Erbarmungslos übte er daraufhin Vergeltung und ließ Perugia vollständig niederbrennen. Zum Kaiser Augustus aufgestiegen, ließ er die Stadt später wieder aufbauen.

Mit dem Kaiserreich und dem Frieden, der dieser Zeit folgte, beginnt für Umbrien eine Periode bemerkenswerten Wohlstandes. Zum ersten Mal taucht die Bezeichnung «Umbrien» auf: Es ist die sechste der elf Regionen, in die Augustus Italien aufteilte. Sie umfaßte die Landstriche östlich des Tibers, erweitert um den *Ager gallicus* (den Teil der heutigen Marken zwischen Fano und Pesaro). Der vormals etruskische Teil Umbriens wurde durch die Neugliederung unter Einschluß Etruriens zur siebten Region. Ende des 3. Jahrhunderts n. Chr. ändert Diokletian erneut diese Gebietsordnung, indem er Umbrien zu Etrurien schlägt und damit die Region «Tuszien und Umbrien» schafft.

In der Periode des Kaiserreiches entstanden in Umbrien – weit mehr als in der Toskana – neue Städte, die alle reich an öffentlichen Bauten waren und in denen fast nie das Theater und das Amphitheater fehlten. Die wichtigsten von ihnen waren Otriculum (Otricoli), Interamna Nahortium (Terni), Ameria (Amelia), Trbiae (Trevi), Fulgitium (Foligno), Mevania (Bevagna), Hispellum (Spello), Asinium (Assisi), Nuceria (Nocera), Tadinum (Gualdo Tadino), Iguvium (Gubbio) und Tifernum Tiberinum (Città di Castello). Der römische Einfluß war in Umbrien tiefgehend und nachhaltig. An der Regelmäßigkeit der Straßen in den historischen Zentren einiger Städte (Terni, Spoleto, Foligno, Città di Castello) sind noch heute Spuren erkennbar, welche die römischen Bauherren hinterlassen haben. Auch die Herrscher Roms waren mit Umbrien verbunden: So stammte die Mutter von Vespasian aus Norcia, und Kaiser Nerva kam aus Narni.

Über die Anfänge des Christentums und seine Verbreitung in Umbrien gibt es keine gesicherten Zeugnisse. Unbestritten ist jedoch, daß es bereits im 4. Jahrhundert 22 Diözesen gab. Es handelte sich somit um eine verästelte und umfangreiche religiöse Organisation. Im 5. und 6. Jahrhundert hatten sich in den Bergen rund um Spoleto und Norcia Eremiten und Mönchsgruppen niedergelassen. Und in Norcia wurde der Heilige Benedikt (480–547), der Vater des westlichen Mönchstums, geboren.

Goten, Byzantiner, Langobarden

Mit dem Niedergang des Römischen Reiches verschlechterten sich die wirtschaftlichen Bedingungen in Umbrien: weil einerseits die Steuerlast für die Landbevölkerung extrem hoch wurde und sich andererseits die großen Latifundien im Besitz von parasitären Patriziern ausdehnten. Die Dekadenz wird durch den Einfall germanischer Völkerstämme in Italien während der Völkerwanderung (375–568) noch beschleunigt.

Zuerst leidet Umbrien unter den Überfällen der Westgoten. Alarich, ihr Führer, ist der erste fremde König, der nach acht Jahrhunderten Rom erobert und es für einige Tage mit seinem Heer besetzt hält. Als Folge dieser Invasion brechen in Umbrien Hungersnöte und Epidemien aus, entvölkern sich die Städte und auch das Land, verwildern die unbebauten Äcker und versumpft erneut der Boden. Erst nachdem die Westgoten weiter nach Gallien und Spanien gezogen waren und die Ostgoten unter Theoderich dem Großen (493–526) das Land beherrschten, erholte sich Umbrien wieder etwas. Gotische Militärgarnisonen waren Perugia, Assisi, Todi und Narni; gotische Niederlassungen von einiger Bedeutung wurden Rieti, Norcia und Spoleto.

Nachdem der Kompromiß, den die Ostgoten und das Römische Reich geschlossen hatten, scheiterte und Justinian, Kaiser des Oströmischen Reiches (527–565), mit der Wiedereroberung Italiens begann, wurde Umbrien wegen seiner strategischen Position zwischen Ravenna und Rom zum Schauplatz einiger der wichtigsten Ereignisse, die den Übergang Italiens von der Antike zum Mittelalter prägten.

Während des Byzantinisch-gotischen Krieges (535–554), der besonders in Mittel- und Süditalien zu großen Zerstörungen und Verwüstungen führte, ergriffen in Umbrien wie auch in einigen anderen Regionen die Bischöfe die Macht. Zu einer Zeit, in der jegliche staatliche Autorität zerbröckelte, übernahmen sie die Verwaltung und Verteidigung der Städte. Wie andere Bischöfe opferte für diese Mission zum Beispiel auch Herkulanus, Bischof von Perugia, sein Leben. Er wurde später zum Schutzheiligen der Stadt ernannt. Die damalige Übernahme der Zivilmacht durch die Kirchenhierarchie ist sicherlich eines der bemerkenswertesten Zeichen für die gesellschaftspolitischen Veränderungen, die sich im Laufe des Mittelalters voll ausbildeten.

Nicht die letzte, aber zweifellos die entscheidende Schlacht des Byzantinisch-gotischen Krieges wurde im umbrischen Tagina (Gualdo Tedino) im Jahre 552 geschlagen. Hier verlor Totila (541–552), der mutigste Nachfolger Theoderichs, der dem Ostgotenreich in Italien für einige Jahre neue Impulse gegeben hatte, gegen ein bunt zusammengewürfeltes Heer unter Narsete, dem General Justinians, die Schlacht und auch sein Leben.

Bald darauf ergaben sich die mittelitalienischen Städte wie Narni, Spoleto und Perugia den Byzantinern. Die Restauration des Reiches brachte für Umbrien einige Vorteile, da es eine unentbehrliche Brücke für den Handels- und Kulturaustausch zwischen der politischen und der geistlichen Hauptstadt war.

Doch dieser Frieden war nur von kurzer Dauer. Schon im Jahre 570 fiel ein anderer Germanenstamm, die Langobarden, in die Region ein.

Während der ganzen Langobardenherrschaft lag Umbrien (wie ganz Italien) unter dem Einfluß zweier Mächte. Das Langobardenreich gliederte sich in große Herzogtümer und erstreckte sich über die ganze Länge der Halbinsel. Byzantinisch blieben Ravenna mit dem Exarchat und die Pentapolis bis Ancona; außerdem Latium sowie ein Landstreifen, der sich entlang der Linie Todi–Perugia–Gubbio zog und Rom mit Ravenna verband.

Das langobardische Herzogtum Spoleto (ebenso wie das etwas südlicher gelegene Benevento) besaß somit keine territoriale Verbindung mit dem übrigen Langobardenreich.

Dieser Landstreifen wurde von den Byzantinern hartnäckig verteidigt und befestigt, da er für sie ein lebenswichtiger Korridor war. Perugia bildete das zentrale Bollwerk dieses Landstreifens. Es hielt mehreren Eroberungsversuchen der Langobarden stand und wurde im 7. Jahrhundert Sitz eines *Ducatur perusinus* bzw. der *Tuscia romana,* der im Westen die *Tuscia longobardorum* gegenüberstand. Auf der Ostseite des Korridors lag das langobardische Herzogtum Spoleto, das einen Großteil des heutigen Umbriens umfaßte.

Im Gegensatz zu den Goten, die sich als Erben des von den Römern überkommenen Reiches sahen und so ihre Macht legitimierten, waren die Langobarden nicht bereit, den gegebenen territorialen Rahmen zu übernehmen. Sie schufen neue staatspolitische Einheiten: zuerst das Königreich und die Herzogtümer; später – als die Zersplitterung zunimmt – führten sie das Lehnswesen und die Stadtrepubliken ein. Sowohl das Kaiserreich als auch die Kirche versuchten später immer wieder, diese Einheiten unter ihren Fahnen zusammenzuschließen.

In dieser Zeit verschwindet Umbrien als eigenständige Region. Die byzantinischen Gebiete hielten den Angriffen der Langobarden nicht mehr stand. Perugia konnte im 8. Jahrhundert nur von Papst Zacharias gerettet werden, der bei Rachi, dem König der Langobarden, um eine Audienz bat, als dieser schon vor den Stadtmauern lagerte.

Der Zwist zwischen Rom und Byzanz, der durch den ikonoklastischen Kampf, die Bilderstürmerei, noch verschärft worden war, schwächte in ganz Italien die Autorität der byzantinischen Krone, während das Prestige des Kirchenstaates ständig wuchs.

Das Herzogtum Spoleto, das sich vom Langobardenreich immer mehr löste, erlag ebenfalls der Anziehungskraft der Kirche. Auf seinem Gebiet kam es zu einer allmählichen Verschmelzung zwischen den germanischstämmigen ehemaligen Invasoren und der romanischen Bevölkerung. Die Langobarden reservierten zwar die Führungspositionen weiterhin für sich, doch in Religion und Sprache glichen sich die beiden Volksgruppen unter den Zeichen der Kirche und des Alten Roms aneinander an. Das war ein weiterer wichtiger Schritt zur Bildung der italienischen Nation: ein Volk, das sich aus der Konfrontation und dem Zusammentreffen von Erben der Römer und Völkern des nördlichen Kulturkreises gebildet hatte.

Zwischen 757 und 758 leistet Alboin Herzog von Spoleto als erster dem Papst den Treueeid; und als Hildebrand (774–788) zum Herzog gewählt wird, lassen sich die Langobarden von Spoleto als Zeichen der Ergebenheit den Kopf nach römischer Art im Petersdom zu Rom rasieren.

Umbrien zwischen Kaiser und Papst

Nach zahlreichen Kämpfen besiegen bekanntlich die Franken 774 die Langobarden endgültig und treten in ganz Italien ihre Nachfolge an. Auch die Byzantiner werden von den Franken abgelöst. Mit der Krönung Karls des Großen zum Kaiser durch Papst Leo III. im Jahre 800 in Rom ist der Grundstein für das Heilige Römische Reich Deutscher Nation gelegt.

Als Gegenleistung anerkennt Karl der Große die Besitztümer der Kirche und die Herrschaft des Papstes in Latium sowie der Bischöfe in vielen Städten. Wie schon zuvor Pippin der Kleine erweiterte auch Karl der Große durch Gebietsabtretungen den Herrschaftsbereich des Papstes: Die mittelitalienischen Gebiete, die zuvor von den Byzantinern und den Langobarden beherrscht worden waren, fallen an Rom. Auch Umbrien gehört dazu. Diese berühmten Kirchenschenkungen der Frankenherrscher waren jedoch in ihrem juristischen Gehalt und in ihrer Absicht umstritten. In der Folgezeit fochten sie die Kaiser immer wieder an, während die Kirche ihrerseits uneingeschränkt auf ihrem Anspruch bestand. Aus diesen Schenkungen leitete sie auch ihr Recht ab, die weltliche Herrschaft über die Feudalherren und die Städte Umbriens auszuüben.

Nach dem Tod Karls des Großen brechen zwischen seinen Erben Zwistigkeiten und Kriege aus. Unter den Markgrafen, die sich bis Mitte des 10. Jahrhunderts erbarmungslose Machtkämpfe um eine italienische Krone liefern, befindet sich auch Guido von Spoleto. Mit dem Niedergang des Fränkischen Reiches geriet die Herrschaftsgewalt des Papstes jedoch in eine Krise: In einer Atmosphäre von Korruption, Verbrechen und Gewalt kämpfen die Dynastien Roms um die Macht im Kirchenstaat.

Vor diesem Hintergrund erlebt Umbrien – wie der größte Teil Italiens im 9. und 10. Jahrhundert – eine Zeit der «Feudalanarchie», des Partikularismus, eine Zeit zunehmender lokaler Macht. Viele Städte verwaisen; einige, wie beispielsweise Carsulae, werden von den Bewohnern verlassen und verfallen; in anderen Orten, wie Gubbio und Tadino, werden die Zentren aus Sicherheitsgründen bergwärts verlegt. Denn neben den innenpolitischen Wirren mußte sich die Bevölkerung gegen die Angriffe der einfallenden Ungarn zur Wehr setzen. Nicht zuletzt aus diesem Grund ranken sich die mittelalterlichen Stadtteile von Otricoli, Spello und Trevi an steilen Berghängen empor. Wehrburgen der Langobarden und Byzantiner werden verstärkt und zu Kristallisationspunkten, um die sich ländliche Siedlungen legen. Da sie Gebiete nicht fern von Rom kontrollieren, versuchen Kaiser wie Papst immer wieder, sich ihrer zu bemächtigen.

In dieser Periode des zunehmenden Partikularismus werden einige Städte zu Zentren eines wirtschaftlichen Aufschwungs, weil sie Sitz mächtiger Bistümer sind oder besondere Rechte und Reichtum genießen. In ihren Mauern werden die neuen Schichten der Handwerker und Händler geboren. Es ist der gleiche Prozeß, der in der Toskana um das Jahr 1000 stattfindet und der in die Kultur der Stadtrepubliken mündet.

Die umbrischen Kommunen bekommen ihre Rechte vom Kirchenstaat oder dem Kaiserreich – den beiden rivalisierenden Mächten – anerkannt, und ihre Selbstregierung wird bereits zu Beginn des 12. Jahrhunderts bestätigt. 1137 wird in Orvieto das *Commune civitatis* erlassen, und zur gleichen Zeit wird Perugia erst von den Äbten und dann von Konsulen regiert.

Die politische Weiterentwicklung in den Städten der Toskana inspiriert auch Umbrien, das den Handel mit ihnen ausgedehnt hat, neue Formen der Herrschaft auf kommunaler Ebene zu erproben.

Der Investiturstreit zwischen Kaiser und Kirche betrifft Umbrien unmittelbar. Nach seiner Beilegung im Wormser Konkordat von 1155 zerstört Friedrich Barbarossa Spoleto, brennt es nieder und übernimmt das Herzogtum wieder. Auf der anderen Seite gelingt es Innozenz III. (1198–1216) während seines Pontifikats, seinen Einfluß dort zu verstärken. Dabei stützt er sich auf Perugia, als dem «Anführer» der guelfischen Städte: Er setzt einen Statthalter ein und legt damit den Grundstein zur inneren Organisation des Kirchenstaats. Nach dem Tod Kaiser Friedrichs II. von Schwaben (1194–1250), der mit seiner Politik den Ghibellinen zu neuem Aufschwung verholfen hatte, können die päpstlichen Statthalter ihre Autorität noch ausweiten. Um jedoch von den so regierten Städten weiterhin Unterstützung zu erhalten, sind sowohl die Päpste als auch die Kaiser gezwungen, den Kommunen eine breite Autonomie zuzugestehen. Davon profitieren außer Perugia und Spoleto auch Città di Castello, Orvieto, Todi, Foligno, Terni und Assisi. Obwohl ab 1250 die Autorität des Kirchenstaates – auch formell – nicht mehr in Frage gestellt wird, ist die Region noch keineswegs politisch geeinigt. Denn die großen Stadtrepubliken kämpfen in wechselnden Bündnissen gegeneinander, um ihre tatsächliche Herrschaft auf immer größere Gebiete auszudehnen.

Der religiöse Geist im Umbrien der Stadtrepubliken

Das soziale Leben Umbriens im Hochmittelalter ist gekennzeichnet durch Gewalt sowie durch die Gegensätze zwischen dem Elend der Landbevölkerung und des einfachen Stadtvolkes und dem Reichtum des herrschenden Bürgertums in den Stadtrepubliken, die untereinander verbissen um die Hegemonie kämpfen. Im 12. Jahrhundert bilden sich daher nicht zufällig häretische Bewegungen (Katharer, Joachimiter) von ausgeprägter Religiosität und radikalem sozialem Empfinden, deren Leitmotive die Liebe und die Gleichheit sind. Alle diese Strömungen münden in die Bewegung des Heiligen Franz von Assisi (1182–1226). Durch das Franziskanertum, das neben religiösen auch laizistische und autonomistische Elemente in sich vereinigt, wird die christliche Religion im umbrischen Volk zu einer sozial und politisch einflußreichen Geisteshaltung. Die Franziskaner flüchten sich keineswegs in eine mystische Entrücktheit, sondern stellen die Pflichten gegenüber den Brüdern – gegenüber allen Menschen – wie zum Beispiel die Armut (als Hingabe gegenüber dem Reich Gottes) oder die Nächstenliebe in den Vordergrund. Die franziskanische Bewegung, deren Wirkung weit über die regionalen Grenzen hinausgeht und die nationale wie europäische Geschichte des 12. Jahrhunderts berührt, begründet auch eine nicht zu unterschätzende kulturelle Einheit in Umbrien. Obwohl Franz von Assisi die Kirchenreform predigt (und sie auch durch sein eigenes Beispiel praktiziert), respektiert er grundsätzlich den Kirchenstaat. Seine Ordensregeln werden denn auch 1223 von Papst Honorius III. gebilligt und anerkannt. Die Franziskanerklöster, die sich rasch ausbreiten, verhelfen der katholischen Religion zu neuem Ansehen. Dies trägt mit dazu bei, daß sich in Umbrien ein Regionalbewußtsein herausbildet. Jakob von Todi (1230–1306) hat in seinen *Hymnen* dieses tiefverwurzelte Volksgefühl interpretiert.

Der Kirchenstaat gegen Signorie und Kondottieri

Die partikularistischen Tendenzen in Umbrien wurden durch die Umwandlung der Stadtrepubliken in Signorie im 14. Jahrhundert keineswegs geschwächt. Gegen den politischen Zerfall des Gebietes wehrte sich Kardinal Gil Alvarez Albornoz, Legat jenes Papstes, der seinen Sitz 1309 nach Avignon verlegt hatte. Durch eine flexible Politik unter Anwendung politischer, militärischer und juristischer Mittel gelang es Albornoz während seiner Amtszeit (1353–1367), Kommunen, Feudalherren, Bischöfe, Abteien und Schlösser zum Treueeid gegenüber dem Papst zu bewegen und somit Perugia zu isolieren. Perugia wurde von Zunftvorstehern regiert und herrschte über ein weites Gebiet. Erst mit militärischen Mitteln gelang es der Kirche 1370, die Stadt zu unterwerfen. Dennoch blieb die Macht der päpstlichen Repräsentanten durch häufige Aufstände bedroht. Deshalb wurde sie oft von den Signorie ausgeübt, die als Apostolische Vikariate legitimiert wurden. Diese Position reduzierte ihre Abhängigkeit von Rom auf die regelmäßigen Zahlungen eines Zensus an die Apostolische Kammer. Die Trinci wurden die *Signori* von Foligno, in Todi waren es die Atti, in Città di Castello die Vitelli, in Gubbio die Gabrielli, dann die Montefeltro – Feudalherren und Kondottieri, die lange auch Herzöge von Urbino waren.

Umbrien war – mehr als die anderen italienischen Regionen – ein Land von Soldaten und Kondottieri geworden, die mit mehr oder weniger Glück versuchten, ihren eigenen Staat aufzubauen. Die Härte des Kampfes zwischen den Fraktionen und Städten sowie die Rückständigkeit der Wirtschaft hatten das Söldnertum und den Abenteuergeist der Bevölkerung begünstigt. Viele waren bereit, sich zu verdingen, und die adligen Familien stellten die Kondottieri oder Heerführer.

Mit der Zeit gelang es der Kirche, die verschiedenen Signorie zu zerbrechen und den Adel in das eigene Regierungssystem einzubinden. Auf diese Weise konzentrierte sich in den Händen der Kirche und der großen Adelsfamilien ein immenser Landbesitz.

Der längste diplomatische und militärische Kampf, der in seinen Auswirkungen exemplarischen Charakter für ganz Umbrien hat, wurde von den Päpsten zur endgültigen Unterwerfung Perugias geführt. Nachdem die Stadt von lokalen Adligen regiert worden war, unterwarf sie sich unter den Drohungen politischer Emigranten der Signoria von Giancaleazzo Visconti (1400–1402) und später der von Ladislao Durazzo. Beide versuchten, ihre Vorherrschaft über die ganze Region auszudehnen.

Nach dem Tod von Ladislao Durazzo besiegt der Kondottiere Braccio da Montone im Jahre 1416 das Milizheer von Perugia und wird Stadtherr. Ihm gelingt es, vom Papst die Zustimmung zu zahlreichen Vikariaten zu erhalten, wodurch er seine Signoria über fast ganz Umbrien ausdehnt. Nach seinem Tod 1424 regiert eine Oligarchie von Adligen; dann steigen die Baglioni zur Signoria von Perugia auf. Im Jahre 1540 lehnen sich die Einwohner der Stadt gegen eine von der Kirchenregierung geforderte Salzsteuer auf. Die Revolte wird von Pier Luigi Farnese, dem Bannerträger der Kirche, niedergeschlagen. Mit dieser Niederlage im Juni 1540 endet die Geschichte der autonomen Stadtrepublik Perugia. Auf den Ruinen der Besitztümer der Baglioni läßt Papst Paul III. eine Festung, die *Rocca Paolina*, zum «Gedenken an den Mut der Perugianer» durch Sangallo erbauen, die drei Jahrhunderte lang das Symbol päpstlicher Macht über Umbrien sein sollte.

Damit endet die politische Geschichte Umbriens als einer eigenständigen Region. Festzuhalten ist allerdings, daß Kunst und Kultur Umbriens in der stürmischen Epoche der Stadtrepubliken und Signorie ihre Hochblüte erlebten. Es sind vor allem

Maler, Architekten und Bildhauer aus der Toskana, die im 13. und 14. Jahrhundert die umbrischen Städte (besonders Orvieto, Perugia und Assisi) mit ihren wunderbaren Werken bereichern. Cimabue, Giotto, Arnolfo von Cambio und Niccolò Pisano sind die Vorbilder, an denen sich dann zahlreiche umbrische Meister orientierten.

Ihnen folgten im 15. Jahrhundert einige der größten Florentiner Maler wie Beato Angelico, Benozzo Gozzoli und Filippo Lippi. Danach nimmt die Kunst in Umbrien einen eigenständigeren Charakter an. Vor allem Perugino aus Città della Pieve (Provinz Perugia) und Pinturicchio, der ebenfalls aus Perugia stammt, verkörpern den besonderen Beitrag, den die umbrische Renaissancemalerei geleistet hat.

Während also Umbrien und die Toskana im Zeitalter der Renaissance politisch ein unterschiedliches Schicksal erfahren, durchdringen sie sich auf dem Gebiet der Kunst gegenseitig — fast so, als hätten sie gemeinsam ein Kapitel der italienischen Kunstgeschichte geschrieben.

Umbrien und die Einigung Italiens

Besonders seit dem 17. Jahrhundert litt Umbrien unter der Herrschaft des Kirchenstaates und seinem streng antireformerischen religiösen Klima. Die Verschmelzung zwischen weltlicher und kirchlicher Macht ließ Debatten über die Ideen der Aufklärung, wie sie in weiten Teilen Italiens stattfanden, nicht zu.

Wirtschaftlich war Umbrien weitgehend isoliert, da die landwirtschaftliche Erzeugung fast ausschließlich der Selbstversorgung diente. Weder die Großgrundbesitzer noch der Kirchenstaat waren an Verbesserungen der Produktionsverhältnisse oder der Handels- und Verkehrsverbindungen interessiert. Erst die Französische Revolution und das napoleonische Kaiserreich bringen Veränderungen, die als gärende Elemente weiterwirken. Während der französischen Besatzung bildet sich eine neue politische Schicht, deren Erfahrungen auch die Restauration nicht auslöschen kann.

Ein tiefgehender Bruch mit der Vergangenheit war nun vorhanden. Das begünstigte die Bewegungen, die mit ihren liberalen Ideen in Umbrien das Risorgimento tragen sollten: die «geheimen Gesellschaften» und die Freimaurer *(Carbonari)*.

Im Jahre 1831 schlägt ein Revolutionsversuch fehl. Doch 1848, als der Papst aus Rom fliehen muß und die Römische Republik ausgerufen wird, gewinnen in Umbrien die Radikalen und die Demokraten um Mazzini die Oberhand. Sie behielten sie allerdings nur ein Jahr. Während des Unabhängigkeitskrieges, der vor allem von Piemont ausging und von den «Gemäßigten» geführt wurde, erhebt sich im Juni 1859 Perugia und bietet Viktor Emanuel die Herrschaft an. Der Aufstand wird jedoch von den päpstlichen Truppen niedergeschlagen («Massaker von Perugia» am 20. Juni 1859). Am 11. September 1859 marschieren die piemontesischen Truppen in Perugia ein. Kurz darauf wird die Besatzung durch Plebiszit aufgehoben, und Umbrien gliedert sich in das Königreich Italien ein.

Fortsetzung Seite 105

FLORENZ

63

64

65

66

68

69

70

71

72

73

74

75

76

77

78

79

80

81

83

84

85 86 87 88

89 90 91 92

93 94 95 96

97

98

99

100

101

102

Umbrien heute

Bevölkerung und politische Lage

Umbrien nimmt mit rund 8500 Quadratkilometern nur wenig mehr als ein Drittel der Fläche der Toskana ein. 1978 zählten Umbriens zwei Provinzen Terni und Perugia rund 800 000 Einwohner, knapp ein Viertel der toskanischen Bevölkerung.

Als einzige Region der Apenninhalbinsel hat Umbrien keinen Zugang zum Meer. Über die Hälfte seiner Fläche ist Bergland, und nur sechs Prozent sind Ebenen. Als Folge dieser topographischen Ungunst leben durchschnittlich 95 Menschen auf einem Quadratkilometer der Region – nur halb soviel wie im gesamtitalienischen Durchschnitt.

Die Bevölkerungszahl stagniert heute. In den sechziger Jahren wanderten viele Umbrier nach Rom oder Norditalien ab, während die Emigration ins Ausland bescheiden blieb. Heute ist die Wanderungsbilanz nahezu ausgeglichen. Innerhalb der Region besteht jedoch nach wie vor eine Landflucht, allerdings fehlen eigentliche Ballungsräume – die Städte Perugia und Terni zählen nur wenig über 100 000 Einwohner.

In bezug auf die Erwerbstätigenanteile wie auf das Volkseinkommen liegt Umbrien fast genau im italienischen Durchschnitt. Dementsprechend zurückhaltend sind die nationalen Behörden mit Unterstützungsbeiträgen zur regionalen Wirtschaftsförderung.

Auch Umbrien gehört zu den «roten Regionen» Italiens. Das Kräfteverhältnis der Parteien nach den letzten Wahlen entspricht im wesentlichen dem in der Toskana, wobei in Umbrien eine etwas stärkere Konzentration auf die drei größten Parteien zu beobachten ist. Stärkste Partei bei den Wahlen der letzten Jahre war auch hier die Kommunistische Partei Italiens.

Die Wirtschaft

Der wirtschaftliche Wiederaufbau nach dem Krieg setzte in Umbrien wie in anderen mittelitalienischen Gebieten zögernd und bei rückständigen Strukturen ein. Viele Bewohner wanderten ab, und das Durchschnittsalter der zurückbleibenden Bevölkerung war hoch. Umbrien – zwischen dem industrialisierten, reichen Norden und dem Mezzogiorno, auf die sich Subventionen und Investitionen konzentrierten – schien zur Stagnation, zu einer Randexistenz bestimmt, abseits der großen Verkehrswege.

Seit der Schaffung der Regionen weist das wirtschaftliche Panorama Umbriens jedoch Zeichen des Aufschwungs auf. Bereits die veränderte Bevölkerungsdynamik kann als bedeutsamer Index angesehen werden. 1951 betrug die Einwohnerzahl 804 000, bis 1971 war sie auf 755 000 zurückgegangen, wuchs aber bis 1978 wieder auf 805 329 an. Diesem Bevölkerungszuwachs entsprechen große Veränderungen in den wichtigsten Zweigen der Wirtschaft.

In der Landwirtschaft sind die Krise des Halbpachtsystems und die Landflucht (besonders in den Bergen und in hochgelegenen Hügelgebieten) die beiden grundlegenden Veränderungen. Die Ursachen dafür wurden bereits für die Toskana erläutert; die Konsequenzen, die sich daraus für die Bewirtschaftung ergeben, sind die gleichen. Allerdings sind die ökologischen Schäden geringer.

Die Landwirtschaft wurde modernisiert. Mit weniger Arbeitskräften wird heute in den wichtigsten Anbausektoren soviel produziert wie früher. An die Stelle des gemischten Anbaus (Weizen, Futterpflanzen, Wein und Oliven), der auf Einzelgehöften vorherrscht, treten immer mehr Spezialkulturen. In den Hügelgebieten wurden viele Teiche zur «kleinen Bewässerung» angelegt.

Angebaut werden die traditionellen Produkte Umbriens. Getreide nimmt den ersten Platz ein (die Hektarerträge liegen geringfügig unter dem nationalen Durchschnitt). Der Weinanbau ist weit verbreitet, und viele Weinstöcke werden noch heute nach uraltem Brauch zusammen mit Feldulmen und Ahorn angepflanzt. Spezialisierte Rebkulturen wie in der Toskana sind hier noch selten. Einer der bekanntesten Weine ist der Weißwein von Orvieto.

Die Olivenbäume, welche vor allem die sonnigen Hügelhänge bedecken, werfen jährlich durchschnittlich 100 000 Doppelzentner Öl von guter Qualität ab. Der Baumbestand für erstklassige Öle erhöht sich stetig. Umbrien ist außerdem der drittgrößte Tabakproduzent in Italien.

Auch in Umbrien steckt die Viehzucht in Schwierigkeiten. Die Landflucht hat zu einer Schrumpfung des Tierbestandes geführt. Während 1961 noch 264 000 Rinder registriert wurden, hat sich in den letzten Jahren die Zahl bei 185 000 eingependelt. In jüngster Zeit hat man – wenn auch noch sehr vereinzelt – mit der Rinderaufzucht im großen Stil begonnen, wobei man besonders die Bergweiden nutzen will.

Die Schweinezucht ist beachtlich. Die Herstellung von Wurstwaren hat vor allem in Norcia eine sehr lange Tradition, diese sind so bekannt, daß in Mittelitalien inzwischen der Begriff *Norcineria* dafür verwendet wird.

Nach einem starken Rückgang der Schafzucht bis 1963 erfolgt auch hier eine Trendwende. Die Zahl der großen, die Weideplätze wechselnden Herden nimmt jedoch zugunsten stationärer Zuchtfarmen ab.

Die Zukunftschancen für die umbrische Landwirtschaft werden in der Weiterentwicklung der Viehzucht gesehen, die sich auf mittlere und große Betriebe stützt.

Die ersten Industrieanlagen wurden in Umbrien 1875 errichtet. In jenem Jahr wurde in Terni die Königliche Waffenfabrik eröffnet, der später Hochöfen und Stahlwerke angegliedert wurden. Sie dienten fast ausschließlich zur Herstellung von Waffen, wobei sie die Braunkohle der heimischen Lagerstätten sowie die hydroelektrische Energie (die heute noch ein Exportartikel Umbriens ist) verwerteten. Heute gehören diese Betriebe Staatskonzernen an und stellen Spezialstähle, Bleche, Betoneisen sowie Produkte der Basischemie her.

Dieses Industriegebiet um Terni war lange kaum mit der übrigen Wirtschaft Umbriens verbunden und basierte nur geringfügig auf den lokalen Bodenschätzen.

Außerdem war diese Industrie in einer Gegend verwurzelt, in der nur wenige kleine oder mittlere Betriebe vorhanden waren, die Stahl- oder Chemieprodukte verwerten konnten.

Der wirtschaftliche Aufschwung der Nachkriegszeit ging vor allem von dem Gebiet um Perugia aus, wo bereits eine beachtliche Lebensmittel- und Süßwarenindustrie bestand. In den sechziger und siebziger Jahren expandiert die Industrie vor allem um Narni, Spoleto, Terni, Perugia und Foligno: Maschinenbau, Nahrungsmittelproduktion und Tabakverarbeitung, Ziegelfabrikation und keramisches Gewerbe, Lederwaren- und Schuhherstellung, Bekleidungs- und Textilindustrie sowie die Kunststoffchemie. Parallel dazu entwickelte sich der Dienstleistungssektor.

Zu dieser industriellen Entwicklung hat maßgeblich die Regionalpolitik beigetragen: Zwischen 1970 und 1978 ist die Zahl der in der Industrie Beschäftigten in Umbrien von 36,8 auf 39,4 Prozent angestiegen, während sie im selben Zeitraum in der Toskana von 42,5 auf 40 Prozent zurückgegangen ist. Obwohl in Umbrien später mit der Industrialisierung begonnen wurde, hat die Region doch etwa das gleiche Niveau wie die benachbarte Toskana erreicht. Auch in Umbrien herrschen die Handwerksbetriebe sowie die kleinen und mittleren Industrieunternehmen vor. Auch in Umbrien ist die Schwarzarbeit weit verbreitet, besonders in der Bauindustrie, der Bekleidungsbranche und in der Schuhproduktion. Einigermaßen verläßliche Statistiken über diese Art der Erwerbstätigkeit liegen nicht vor.

Der Tourismus basiert in Umbrien auf der Attraktivität seiner historischen, künstlerischen und religiösen Reichtümer sowie auf der landschaftlichen Schönheit dieser Region.

Die Ausländeruniversität von Perugia wird vor allem von Studenten aus dem übrigen Europa und der Dritten Welt besucht. Ein touristischer Anziehungspunkt von einiger Bedeutung ist das *Festival der zwei Welten* in Spoleto, das jedes Jahr stattfindet.

Insgesamt aber stellt Umbrien für die Touristen eine Art Durchgangsstation dar: durchschnittlich halten sich die rund 630 000 Gäste (davon ein Viertel Ausländer), die alljährlich Umbrien besuchen, nur zwei Nächte auf. Nicht zuletzt aus diesem Grunde haben die Einrichtungen für den Fremdenverkehr nur ein bescheidenes Ausmaß erreicht. Assisi und Cascia, zwei berühmte religiöse Zentren, ziehen viele Pilger an, die aber in der Regel auch nur kurze Zeit dort verweilen.

Die Regionalpolitik

Im Hochmittelalter war «Umbrien» als politischer, diplomatischer oder geografischer Begriff aus dem allgemeinen Sprachgebrauch verschwunden. Erst mit dem Humanismus findet er wieder Eingang in den Sprachschatz der gebildeten Schichten, da er an das römische Umbrien erinnert, und wird endlich mit der Einigung Italiens wieder allgemein gebräuchlich. Dennoch mußte – als 1970 die Region proklamiert wurde – ein regionales Bewußtsein noch entwickelt werden, auf das sich eine zielstrebige Politik gründen kann.

Die Notwendigkeit, aus der jahrhundertelangen wirtschaftlichen Stagnation, die auch durch die Einheit Italiens nicht überwunden worden war, herauszukommen, gab dem umbrischen Regionalismus sowohl auf kultureller als auch auf wirtschaftlicher Ebene einen besonderen Elan.

Umbrien war eine der ersten Regionen, die noch vor dem Gesetz von 1970 versuchte, einen verhältnismäßig genauen und detaillierten Entwicklungsplan zu formulieren. Später wurden durch das neugeschaffene Institut CURES (Umbrisches Regionalzentrum für ökonomische und soziale Forschung) die Daten permanent auf den neuesten Stand gebracht. Die Regionalpolitik konzentriert sich vor allem auf zwei grundlegende Komplexe: eine breit gestreute Modernisierung der Landwirtschaft und die Entwicklung der Klein- und Mittelindustrie. Zwei Ämter entsprechen diesen Stoßrichtungen, ESA (Amt für landwirtschaftliche Entwicklung) und SVILUPUMBRIA (Entwicklung Umbriens), eine Gesellschaft mit Kapitalbeteiligung der Region. Infrastrukturvorleistungen sowie Vorzugskredite unterstützen die Initiative der umbrischen Unternehmer.

Die politisch-administrative Dezentralisierung, die mit der Statuierung der Regionen Wirklichkeit wurde, hat die Stellung der großen Landesteile wie etwa Piemont oder die Lombardei im gesamtstaatlichen Gefüge nicht verändert.

Umbrien aber, zuvor als Region geschichtlich bedeutungslos, bestimmt heute seine Entwicklung weitgehend selbst. Außerdem hat es endlich auch bei den nationalen wirtschaftspolitischen Entscheidungen ein Wort mitzureden.

Landschaften, Städte, Kunst

Die Toskana

Wie schreibt man auf nur siebzig Seiten über Städte, die Museen sind und weltberühmte Museen besitzen? Was über Kunst, die Bibliotheken füllt? Über das kleine Land Toskana, das in der Renaissance so viele geniale Künstler hervorgebracht hat wie zuvor nur das Goldene Zeitalter in Griechenland und nachher kein Land der Erde? Wie jagt man in abgezählten Zeilen durch eine Landschaft, die Dichter und Schriftsteller als eine der schönsten der Erde gefeiert haben?

Hier kann es nur darum gehen, eine ganz subjektive Auswahl von einigen besonders geliebten Werken, Bauten und Landschaften zu geben mit dem schlechten Gewissen, Geliebtes zu amputieren, auszulassen und auch zu verschweigen aus Sorge, es könnte, an die Öffentlichkeit gezerrt, seinen Zauber verlieren. Die Poesie der Bilder scheint Worte überflüssig zu machen. Siena, unter glühendem Abendhimmel zu einer orientalischen Silhouette stilisiert, das ist das irreale, zum Symbol erhöhte Bild einer realen Stadt. Die Patrouille von dunklen Zypressen, die der sanft gewellten Hügellandschaft hinter einem goldenen Meer von Sonnenblumen die Zäsur geben, die Bilder aus umbrischer Bergeinsamkeit, wer kann sie ansehen, ohne betroffen von so viel Schönheit ein verloren gewähntes irdisches Paradies zu finden?

Der Reisende wird diese Bilder wohl vergeblich suchen. Denn es ist das Vorrecht von Dichtern und Künstlern, die Realität zu verdichten und von allem Entstellenden zu befreien. Der Beschreiber darf und kann das nicht. Er muß sich mit der Prosa der Wirklichkeit begnügen.

Ich verlasse mich darauf, daß die Leser dieses Textes Karten und Kunstführer konsultieren und hier nicht mehr als Andeutungen und Schnappschüsse in Worten erwarten.

Die Toskana erhielt ihren Namen von den Etruskern, deren Herkunft bis heute nicht geklärt ist. Waren sie die Urbevölkerung? Kamen sie aus dem Nahen Orient? Oder wanderten sie, wie mancher mit etruskischen Funden in Kärnten beweisen möchte, von Norden kommend in die südliche Ebene?

Etruria zur Zeit des Augustus, Tuscia unter Diokletian genannt, bekam die Toskana erst als Großherzogtum unter Cosimo I. de' Medici im 16. Jahrhundert eine geographische und politische Definition. Aber damals war sie viel kleiner. Lucca blieb bis ins 19. Jahrhundert eine eigene Republik, und noch 1859 herrschte das Großherzogtum Modena bis zum Meer bei Massa Carrara.

Die Toskana ist mit 23 000 Quadratkilometern die fünftgrößte Region Italiens. Sie hat neun Provinzen: Florenz, Pistoia, Lucca, Pisa, Massa Carrara, Grosseto, Livorno, Siena und Arezzo und ist mit rund 180 Einwohnern pro Quadratkilometer erstaunlich dicht besiedelt. Immerhin sind zwei Drittel ihres Territoriums Hügellandschaften, ein Fünftel Berge und nur ein Zehntel ist Flachland, das zumeist an der 329 Kilometer langen Küste liegt. Elba und der Toskanische Archipel mit den Inseln Pianosa, Montecristo, Capraia, Giannutri, Gorgona und Isola del Giglio, die zum Teil unbewohnt sind, bilden zusammen weitere 249 Kilometer Küste. Jede der Inseln hat ihren unverwechselbaren Charakter.

Man kann nicht vom Toskanischen Bergland sprechen, als sei es eine Einheit. Urgestein in den Seealpen und auf den Inseln, weicher Sand und Kalkstein in den meisten anderen Gebirgen, deren Gipfel südlich vom Cisapaß die Baumgrenze übersteigen, Tufformationen im Süden und vulkanisches Gestein um den Monte Amiata im Südwesten verleihen der Region einen überaus vielfältigen Charakter.

Über die vielen kleinen Flüsse herrscht der Arno, der nordöstlich von Arezzo am Monte Falterona entspringt und bei Pisa ins Meer mündet.

Bis zum Zweiten Weltkrieg vorwiegend ein Agrarland mit winzigen, in den Berg- und Hügelgegenden dem steinigen Boden in Terrassen abgerungenen Feldern, hat sich die Toskana in der Nachkriegszeit durch Industrialisierung und Landflucht stark verändert.

In den leer und oft vereinzelt stehenden Gehöften siedelte sich eine ständig wachsende Schar von Ausländern auf der Suche nach Stille und Harmonie an. Ganze Landstriche, vor allem im Chiantigebiet zwischen Florenz und Siena, haben so eine neue Bevölkerungsstruktur erhalten.

Es gibt ein Klischeebild von der toskanischen Landschaft: sanft gewellte Hügel voller Reben, Oliven und edlen Villen zwischen Zypressen. Aber die Toskana hat viele Gesichter und füllt Augen und Geist mit ständig wechselnden Eindrücken und Emotionen. Dazu gehören die weißschimmernden Marmorgebirge der Apuanischen Alpen wie die endlosen Weizenfelder der Maremmen; das einsame Wald- und Hügelland des Mugello wie die Hochwälder des Aretino, in denen man sich im Schwarzwald wähnen könnte; das liebliche Wein- und Olivengebiet des Chianti wie die strenge Weite südlich von Siena; die weltvergessenen Felsennester in den Bergen um Lucca wie die düsteren etruskischen Hügelstädtchen im Süden und die Inseln.

Aber es gibt doch einen gemeinsamen Nenner für dieses Land der Vielfalt und der eingefleischten Individualisten: Nirgendwo in Italien, vielleicht nirgends in der Welt, ist die Natur so deutlich und zugleich so behutsam von der Hand des Menschen geformt, sind Architektur und Landschaft zu einer so harmonischen Einheit verschmolzen.

Der angeborene Sinn für Schönheit, den hier auch der einfachste Landmann besitzt, hat freilich die Greuel und die Banalität zeitgenössischer Bauten nicht verhindern können. In Landschaften, die wir aus den Bildern Giottos oder Leonardos kennen, schmerzen sie doppelt.

Wie überall sonst blieben auch hier die Natur und die harmonisch gewachsene Kultur nur dort bewahrt, wo weltabgeschiedene Armut oder großer Reichtum den «Fortschritt» fernhielten.

Es gibt eine Faustregel für Toskanareisende: Wer das Land und seine Kunst erleben will, meide es zu Ostern und im Sommer, weil er dann Gefahr läuft, vor lauter Menschengewimmel nichts zu sehen. Das gilt natürlich besonders für Florenz. Aber auch die anderen Kunststädte – und welche toskanische Stadt wäre das nicht? – sollte man möglichst im Spätherbst, im Winter oder im Vorfrühling besuchen und getrost auch einmal Regen und Kälte in Kauf nehmen.

Im Frühling und im Sommer fahre man in die Toscana Minore, das immer noch relativ unbekannte Land der kleinen Dörfer, der parkumgebenen Schlösser und Villen, der einsamen Abteien und Kirchen, die auf Schritt und Tritt Entdeckungen bereithalten. Die Furcht vor Diebstählen in diesem Land, das zu arm ist, um seinen Kunstreichtum zu schützen, hat zwar die Werke großer Meister aus manchen Dorfkirchen vertrieben, aber es gibt kaum einen Flecken, der nicht Bauten, Kunstwerke und Fresken besitzt, die andernorts Wallfahrten von Kunstfreunden auslösten.

Von den Landstraßen, zu deren schönsten die Strada del Chianti von Florenz nach Siena gehört, blickt man auf olivenversilberte Täler, burgengekrönte Hügel, auf Lieblichkeit gepaart mit der Strenge der Architektur und fragt sich verblüfft, wo man das alles schon gesehen habe. Dann erinnert man sich: in einem Fresko, in einem der berühmten Bilder der Renaissance.

Wo beginnt man, ein Universum zu entschlüsseln? Man könnte sich ein Thema stellen und ihm offen für alles andere, was am Wege liegt, folgen. Man könnte zum Beispiel auf den Spuren der Etrusker reisen.

Die Totenstädte, mit den Objekten und Bildern des Alltags gefüllt, erzählen am meisten von den Etruskern. Von den Städten der Lebenden blieb nur wenig: ein mächtiges Tor in Volterra und Reste von Zyklopenmauern in Roselle, Vetulonia, Populonia und Cortona. Die kostbarsten Funde liegen im Archäologischen Museum von Florenz, dem zweitreichsten Italiens nach der Villa Giulia in Rom. Aber auch die kleineren etruskischen Museen in Massa Marittima, Grosseto, Volterra, Siena, Orbetello, Chiusi, Arezzo und Cortona hüten Schätze.

Keine der toskanischen Totenstädte kann sich mit Tarquinia und Cerveteri im nahen Latium messen. Doch jede von ihnen vermittelt allein schon durch ihre Lage unvergeßliche Eindrücke.

Die Nekropole von Vetulonia (Provinz Grosseto) liegt unterhalb des gleichnamigen uralten Dorfes im Buschwald auf einem Hügel, von dem man weit übers Land und bis zum Meer schaut.

Populonias Kammer- und Kastengräber, nur ein Bruchteil der im Wald verborgenen und nur von Grabräubern fleißig besuchten Totenstadt, blicken auf den malerischen Golf von Baratti, den die Landspitze von Piombino im Süden abschließt.

Bei Chiusi, an der Grenze zu Umbrien, liegen die Grabkammern in majestätischer Einsamkeit in Felsen hoch über dem Land. Ihre verblassenden Fresken, die einzigen

Fortsetzung Seite 121

FLORENZ

der Toskana, darf man nur mit einer Sondererlaubnis besehen, zu erhalten im Etruskischen Museum der Stadt.

Nirgends fühlt man sich dem Geheimnis dieses Volkes näher als in den Schluchten bei Sovana, wo eine Grabkammer sich unter einer Tempelfassade im Tuff verbirgt, über einer anderen zwischen Busch und Moos eine Syrene ins Totenreich lockt.

Nach Sovana, der Etruskergründung im einsamen Südzipfel der Toskana, kommt man von Pitigliano, einem besonders von weitem außerordentlich malerischen Bergnest. Es hockt grau und verwinkelt auf einem Tuffelsen, als sei es aus ihm herausgewachsen. Die Höhlen am Fuß des Hügels, die heute als Garagen, Weinkeller und Hühnerställe dienen, waren wohl zum großen Teil etruskische Grabkammern. Das Innere des Städtchens ist trotz seines Orsinipalastes und einiger anderer repräsentativer Gebäude eher enttäuschend.

Sovana aber gehört zu den unvergeßlichen Eindrücken, die ein Abstecher von den großen Touristenstraßen immer wieder bescheren kann. Der Ort besteht aus einer einzigen Straße, die an der Burgruine der Aldobrandeschi beginnt. Mittelalterliche Häuser führen zur Piazza, gesäumt von verfallenden Palästen und Kirchen des einstigen von der Malaria entvölkerten Bischofssitzes. Die kleine, wohlerhaltene Kirche Santa Maria enthält eines der raren vorromanischen Kunstwerke der Toskana: einen Altarbaldachin aus dem 8. Jahrhundert.

Hinter dem schlichten Geburtshaus von Gregor VII., dem Papst, vor dem sich Kaiser Heinrich IV. in Canossa demütigte, führt die Straße in die Natur. Man sollte weitergehen, um auf einer Wiese die Reste eines Doms aus dem 12. Jahrhundert zu finden.

Sovana ist wie verstummt vor Erinnerungen an versunkene Größe, die seine stille, leere Gegenwart übertönen.

In Magliano di Toscana im Südwesten der Maremmen erzählte uns ein junger Amateurarchäologe in ohnmächtigem Zorn von den Räubern, die hier systematisch an 300 georteten, aber nicht geöffneten Gräbern arbeiten. Der Staat hat weder Geld für Grabungen, noch Platz für die Funde. 80 Prozent der archäologischen Objekte Italiens liegen in Kellern. Der Vorschlag, einen Teil davon zu verkaufen, um mit dem Erlös die Museen zu erweitern und zu sichern, wurde bis heute nicht erhört.

Wer wie weiland Goethe vor allem Zeugen der Antike sucht, bleibt in der Toskana enttäuscht. Die Römerbauten sind fast alle abgetragen und als Baumaterial verwendet worden. Es blieben: Mauern in Cosa bei Orbetello am Meer, zwischen denen weiße, langgehörnte Rinder grasen; die Reste eines Amphitheaters in Luni bei Carrara und in Arezzo; Ruinen von Thermen und Theater in Volterra und auf dem Hügel von Fiesole; die Thermen des Kaisers Nero in Pisa und Ruinen römischer Patriziervillen bei Porto Santo Stefano und auf den Inseln Elba, Giannutri und Gorgona.

Auch die frühchristliche Zeit und das Hochmittelalter haben hier kaum Spuren hinterlassen. Erst mit der Romanik, die in Pisa einen eigenen Stil entwickelte, beginnt im 11. und 12. Jahrhundert die erste große Kunst- und Architekturperiode der Toskana. Wer eine Reise unter den Titel «Romanik» stellt, wird mit Entdeckungen und Erkenntnissen reich beschenkt werden.

Das Spektrum reicht von den pisanischen Kirchen mit ihren schwarzweißgestreiften Marmorfassaden zum antikisch wirkenden, als romanische Renaissance definierten San Miniato über Florenz und seinem Baptisterium; von den romanischen Domen in Prato, Pistoia, Carrara, Volterra, Massa Marittima und Arezzo zu den Kirchen Luccas und den über das ganze Land verstreuten romanischen Dorfkirchen.

Das eindrucksvollste romanische Bauwerk der Toskana, vielleicht Italiens, ist für mich die Abteikirche Sant'Antimo. Man erreicht sie, von der Provinzstraße Siena – Pienza hinter Torrenieri rechts nach Montalcino fahrend. Von dort sind es noch acht Kilometer im malerischen Tal der Orcia.

Zu Füßen von Castelnuovo Abate, einem kleinen Dorf mit drei großen Renaissancepalästen, steht majestätisch und einsam, von Zypressen flankiert, eine dreischiffige Basilika aus Travertin. Aus der frühesten Zeit der Abtei, die seit 812 historisch belegt ist und durch karolingische Schenkungen mit Landbesitz und Macht ausgestattet wurde, blieb nur der Kapitelsaal übrig. Die Kirche stammt aus dem 12. Jahrhundert, wurde von Zisterziensern aus Cluny erbaut und trägt deutlich französische Stilzeichen. Für Besucher aus dem Norden, gewohnt an die Dunkelheit romanischer Dome, wirkt der helle, hohe Innenraum, den ein Matroneum ganz umrundet, antikisch. Das Licht aus großen Apsisfenstern bricht sich in goldenen Reflexen an Mauern und Säulen, die zum Teil aus dem nicht weit von der Abtei gebrochenen Onyx geschaffen wurden.

Bei unserem letzten Besuch spielte ein Organist Bachfugen. Die Mauern glühten transparent und honigfarben im Abendlicht. Wir verließen Sant'Antimo wie verzaubert und entdeckten erst dann die Flachreliefs an der Ostseite des quadratischen Glockenturms. Ein Flügelstier mit Frauenkopf neben Madonna und Kind sprechen wie die Fabeltiere über dem kleinen Portal an der rechten Kirchenflanke von dem Glauben, der sich in diesem uralten Kulturland bruchlos mit heidnischen Dämonenvorstellungen verband.

Montalcino ist ein kleiner Ort in beherrschender Hügellage, der außer seiner Burg (Rocca), dem Rathaus, schönen alten Kirchen und dem berühmten Rotwein Brunello ein dramatisches Kapitel toskanischer Geschichte hütet.

1260, als Verbündete von Florenz nach der Schlacht von Montaperti von den Sienesen ganz zerstört, wurde es 1555 zu deren Fluchtburg, als Cosimo I. Siena eroberte. 650 ghibellinische Familien wanderten nach Montalcino aus, um den verhaßten Florentinern zu entgehen, und gründeten hier die «neue, wahre Republik Siena». Ihre Standarte, von einem Schüler des Sodoma gemalt, steht im Saal der Rocca.

Wer sich die Gotik zum Reisethema nahm, muß vor allem Siena besuchen, die einzige fast rein gotische Stadt in einem Land, dessen Himmel zu hell ist für die Mystik gotischen Geistes.

Die Ghibellinenstadt Siena aber liebte mit den Kaisern aus dem Norden auch dessen Geist. Der gotische Stil, von Zisterziensern aus Frankreich in die Toskana gebracht, entsprach dem leidenschaftlichen, irrationalen Temperament Sienas.

Auch Pisa besitzt im Camposanto, der Kirche Santa Caterina und der winzigen Santa Maria della Spina, die sich wie eine Monstranz im Arno spiegelt, schöne Beispiele des noch nicht ganz von der Romanik gelösten neuen Stils.

Die Stadtpaläste von Pistoia, Prato und Volterra sind zwar nach gotischen Plänen erbaut, aber sie behielten die Strenge und Schwere romanischer Architektur. In Florenz sind der Dom mit der unseligen, im 19. Jahrhundert angepappten Fassade, die Kirchen Santa Maria Novella und Santa Croce, die Loggia dei Lanzi neben dem Palazzo Vecchio und Orsanmichele, der ehemalige Kornspeicher der Republik, reine Gotik, in italienisches Maßgefühl übersetzt.

In reiner transalpiner Gotik erbauten Zisterzienser im 13. Jahrhundert die Abteikirche von San Galgano. Ihre Ruine steht, wie aus den Träumen von Romantikern gewachsen, in Wald und Wieseneinsamkeit 35 Kilometer nördlich von Siena.

Die Dekadenz der einst mächtigen Abtei begann schon im 16. Jahrhundert. Vor zweihundert Jahren zerschlug der einstürzende Campanile das Dach. Nach der Säkularisierung von den letzten Mönchen verlassen, wurde die Kirche als Steinbruch benutzt. Nur die Außenmauern blieben neben dem Kapitelsaal und einem ganz kleinen, heute von belgischen Nonnen bewohnten Klostertrakt.

Gras wächst auf dem Boden der dreischiffigen Kirche, Moos auf den Altären. Leer sind die hohen Spitzbogenfenster und die Rosetten im Querschiff und in der Apsis. Der Kirchenraum unter dem gotisch gerahmten Himmel ist voller Grillengezirp und Vogelrufe. Die Flucht der Säulen, die nichts mehr tragen, ist wie ein Kompendium der Baukunst, aufgeschlagen unter Sonne, Mond und Sternen. San Galgano ist von so dramatischer Schönheit, daß man keinen Umweg scheuen sollte, es zu sehen.

Auf dem Nachbarhügel steht eine kleine romanische Rundkirche gleichen Namens mit Freskenresten und Sinopien von Ambrogio Lorenzetti.

Florenz und die Renaissance

Mit der Renaissance beginnt das Primat der Toskana in Kunst und Architektur. Auf die Frage, wie das kleine Florenz vom späten 15. bis zum 16. Jahrhundert das kulturelle Zentrum Europas werden konnte, antworten Bibliotheken. Hier seien nur die beiden simpelsten historischen Gründe erwähnt.

Im Jahre 1439 war das in Ferrara begonnene Konzil, das die orthodoxe Kirche Ostroms mit der römisch-katholischen Kirche aussöhnen sollte, durch den Ausbruch einer Pestepidemie nach Florenz verlegt worden. Als zwölf Jahre später Konstantinopel in die Hand der Türken fiel, erinnerten sich viele der Flüchtenden der großzügigen Gastfreundschaft, die sie am Arno genossen hatten. So kehrten sie nach Florenz zurück und brachten mit ihrem kostbarsten Besitz, den Schriften des klassischen

Altertums, den Humanismus und das Verständnis für die antike Kunst mit. Im Geist der wiedergeborenen Antike entstand ein neues Welt- und Menschenbild, befreit von den Fesseln mittelalterlicher Weltflucht. Mit ihm begannen die Kunst der Renaissance und Größe und Tragik der Neuzeit.

Eine zweite unter vielen anderen Erklärungen gibt das erste Herrschergeschlecht im zänkischen freien Stadtstaat Florenz: die Medici. Sie liebten und förderten die Kunst in nie vorher erlebtem Ausmaß. Daß sie es vor allem zur Verherrlichung der eigenen Macht taten und daß die größten Renaissancekünstler, Leonardo und Michelangelo, dem Florenz der verlorenen Freiheit enttäuscht den Rücken kehrten, trübt das Bild der Mäzene, aber nicht das Aufblühen aller Künste, das unter ihrer Herrschaft begann.

In den neun Medici-Ausstellungen des Jahres 1980 hat man versucht, diese Schicksalswende Europas in all ihren Facetten auszuleuchten. Dabei sagte der Titel der Schau im Palazzo Strozzi *Il Primato del Disegno* (Der Vorrang der Zeichnung) am klarsten, was Renaissance in Florenz bedeutet. *Disegno* bedeutet hier nicht nur Zeichnung, sondern Intellekt und Kult der klaren Form. Das gilt für Malerei und Skulptur, für die Architektur und für die Landschaft, die wie von Künstlerhand geformt war. Auch der «Französische Garten» mit seinen strengen, geometrischen Formen ist nicht in Versailles, sondern in Florenz erfunden worden.

Fortschritt, Bauspekulation und Landflucht haben in der Toskana viel vom Primat der Zeichnung verwischt. Wer es wiederfinden will, blicke von San Miniato, vom Piazzale Michelangelo oder von den ehemaligen Festungswällen des Forte Belvedere, das Buontalenti schön und harmonisch wie eine Villa gebaut hat, auf Florenz hinab. Wie da Kirchen und Paläste, düstere Strenge des Mittelalters und klare Eleganz der Renaissance, vertikale und horizontale Linien um Brunelleschis Kuppel komponiert sind, wie aus individualistischer Phantasie und Wildwuchs der Stile eine Einheit wurde, das könnte auf dem Reißbrett eines genialen Urbanisten entworfen sein.

Fiesole, das Faesulae der Etrusker, blühte schon auf seinem Hügel, als das Arnotal zu seinen Füßen noch ein malariaverseuchter Sumpf war. An seinem Hang stehen, in Zypressen und Oliven gebettet, Villen voller Erinnerungen an Dichter, Künstler und Gelehrte der Renaissance.

Von diesen Aussichtspunkten um Florenz sieht man fast nur seine Schönheit, nicht die grauen Vorstädte und die Industriezonen, die immer weiter in die Ebene hinauswachsen.

Der erste Baumeister der Renaissance ist Filippo Brunelleschi, der nach dem Studium klassischer Bauten in Rom die erste freischwebende Kuppel seit der Antike über dem Dom von Florenz gewölbt hat. Mit seinen weiteren Bauten am Arno, den Kirchen San Lorenzo, Santo Spirito und der Badia Fiesolana, der Kapelle der Pazzi, dem Säulengang der Innocenti, dem Palazzo da Parte Guelfa und dem ersten Teil des Palazzo Pitti wurde Brunelleschi zum Vorbild der strengen maßvollen Renaissancearchitektur. Sie hat das mittelalterliche Bild seiner Stadt so sehr verwandelt, daß Florenz zu einem Synonym für Renaissance geworden ist.

Oft vergißt man darüber, daß die ersten antikischen Bauten auf dem Campo dei Miracoli in Pisa stehen und daß Niccolò Pisanos Reliefs an den Kanzeln von Pisa, im 13. Jahrhundert geschaffen, die Vorläufer der Renaissanceskulpturen waren. Wir werden in Pisa davon sprechen.

Um auch nur die wichtigsten Kunst- und Bauwerke von Florenz aufzuzählen, müßte man Bände füllen. So kann man nur ein paar Perlen fischen, und das sollte jeder nach eigenem Ermessen tun. Unter den Gemälden der Uffizien und des Palazzo Pitti. Unter den Skulpturen der Accademia und des Bargello. Oder den ehemaligen Kornspeicher der Republik, Orsanmichele, umkreisend, der ein Freilichtmuseum der Renaissanceskulptur ist. Die Zünfte beauftragten nämlich die größten Bildhauer der Zeit, ihre Schutzheiligen in die Außennischen von Orsanmichele zu stellen. Man sagt, Verocchios bronzener Christus vor dem ungläubigen Thomas trüge das beseelteste Antlitz der christlichen Plastik.

Da sind die Fresken des Beato Angelico im Kloster von San Marco, aus dessen letzter Zelle man 1498 Savonarola zur Piazza della Signoria geschleppt und dort verbrannt hat.

Von 1435 bis 1445 hat Fra Angelico mit seinen Schülern die 43 nackten Zellen mit Fresken vom Leben und der Passion Christi ausgemalt. Diese Visionen eines mystischen Gläubigen sind wohl das unflorentinischste unter den großen Kunstwerken dieser nüchternen Stadt.

An der benachbarten Piazza della Santissima Annunziata, umschlossen von drei Bogengängen, trägt der erste Renaissancebau der Stadt, Brunelleschis Portikus des Findelkinderhauses, zwischen seinen Bögen die berühmtesten Tondi des Andrea della Robbia: zehn blauweiße Findelkinder aus emailliertem Steingut (Terrakotta).

Das Archäologische Museum neben der Piazza besitzt neben bedeutenden griechischen und römischen Objekten die wichtigsten Funde aus den etruskischen Nekropolen der Toskana. Viele von ihnen, darunter die geheimnisvolle, elegante Chimäre aus Arezzo, zogen im «Medicijahr» 1980 in den Palazzo Vecchio. Dort bezeugten sie neben der weitsichtigen Sammlerpassion der Medici ihre Absicht, den römischen Granden zu zeigen, daß die Toskaner sich eigener Ahnen rühmen können.

Apropos Ahnen. Der Toskaner Indro Montanelli, Schriftsteller und Journalist von hohen Graden, hat kürzlich in einem Interview erklärt, seine Landsleute seien alle Nachkommen der Franken oder Langobarden. Das trifft zwar weitgehend bei den Adelsgeschlechtern zu, dürfte sonst aber mehr dem typischen Geist des Widerspruchs und der Polemik als der Wahrheit entsprechen.

Die Kapelle im ersten Stock des Palazzo Medici-Riccardi, den Michelozzo 1444 für Cosimo den Alten begann, bewahrt in nie restaurierter Leuchtkraft der Farben den *Zug der Heiligen Drei Könige nach Bethlehem* von Benozzo Gozzoli. Da reiten mit den Gästen des Konzils von 1439, Kaiser und Patriarch von Konstantinopel, Lorenzo der Prächtige, sein im Dom ermordeter Bruder Giuliano und drei strahlende junge Mädchen auf weißen Zeltern, die Töchter des Piero il Gottoso, der ihnen mit jungen Rittern voranzieht. Die Reiter und die Menge der Fußgänger, unter denen der Maler Humanisten, Künstler und sich selbst porträtiert hat, durchqueren auf drei Wänden eine toskanische Landschaft. Erst in der Kapellennische wird das Genrebild von Stolz und Würde zur Heilsgeschichte. Da blicken Engel in einem Paradiesgarten voller Blumen und Getier auf das Wunder von Bethlehem. Das Original der Madonna mit Kind von Filippo Lippi befindet sich in Berlin und wurde mit einer Kopie der Zeit ersetzt. Gozzolis Fresko erzählt mehr über das Florenz der Renaissance als dicke Bücher.

Ein paar Schritte weiter kommt man zum Marmorgebirge des Doms und zum Baptisterium. Menschentrauben zeigen zu jeder Tageszeit sein berühmtestes Portal an. Vor Ghibertis vergoldeten Bronzereliefs, ihren Perspektiven, Licht- und Tiefeneffekten rief Michelangelo bewundernd aus, sie seien wert, die Türen des Paradieses zu sein. Ghibertis Nordportal und die 1330 von Andrea di Pontedera in Wachs modellierten Reliefs am Südportal werden zu Unrecht wenig beachtet.

Im Innern des achteckigen Baptisteriums, in dem Dante getauft wurde, stand unter dem byzanischen Kuppelmosaik Donatellos hölzerne Magdalena. Nach der Überschwemmung von 1966 wurde sie restauriert und, noch schöner als zuvor geworden, im Bargello verwahrt.

Donatellos Grabmal für den Gegenpapst Johannes XXIII. erinnert hier daran, daß der Bergamasker Bauernsohn Roncalli 1958 mit der Wahl desselben Papstnamens dem verkannten Vorgänger eine späte Rechtfertigung geben wollte.

Der Dom, 1296 von Arnolfo da Cambio romanisch begonnen, überwölbt mit der 1443 von Brunelleschi vollendeten Kuppel und im 19. Jahrhundert mit einer neugotischen Fassade voll scheußlicher Mosaiken verschandelt, hat ein imponierendes, aber kaltes gotisches Inneres.

Sein ergreifendstes Kunstwerk ist Michelangelos vorletzte unvollendete Pietà (in einer Seitenkapelle links vom Chor). Der Meister hatte dieses Werk für sein eigenes Grab bestimmt. Hinter der Gottesmutter und ihrem vor Schmerz verlöschten Gesicht trägt Nikodemus die Züge Michelangelos.

Giotto, den man 1334 zum Dombaumeister ernannt hatte, starb schon zwei Jahre später. Während dieser Zeit kümmerte er sich fast nur um den Campanile. Über der kühnen und soliden Eleganz des Glockenturms vergißt man oft, die Flachreliefs anzusehen, die zum Teil auch von Giotto gefertigt wurden. Von der Spitze des Campanile, über 414 Marmorstufen zu ersteigen, überblickt man die ganze Stadt.

Der Bargello, einst Gefängnis und Richthaus, heute Skulpturenmuseum, zählt unter seinen vielen Meisterwerken eine Jugendarbeit Michelangelos von großem Zauber: einen trunken lächelnden Bacchus mit vom Wein gelösten Marmorgliedern.

Nach dem *David* in der Accademia (vor dem Palazzo Vecchio und auf dem Piazzale Michelangelo stehen Kopien), den *Gefangenen* für das Grab Julius II. und seiner *Pietà von Palestrina* wird der Bewunderer Michelangelos die Grabmonumente in der neuen Sakristei von San Lorenzo besuchen.

Da sitzt der *Denker,* Lorenzo des Prächtigen Enkel, in einer Nische vor seinem Sarkophag, auf dem die Figuren von *Morgen* und *Abend* ruhen. Ihnen gegenüber in klassischer Rüstung Giuliano, der dritte Sohn des Magnifico. Auf seinem Grabmal die Figuren von *Tag* und *Nacht,* die wie *Morgen* und *Abend* die verrinnende Zeit symbolisieren. Der Denker und der Krieger sprechen von Kontemplation und Aktion.

Auch das ständige Gedränge in diesem engen Raum kann die Sammlung nicht zerstören, die Michelangelos Werke ausströmen, und nicht die Erschütterung, die vor allem die tragische *Nacht* im Betrachter hervorruft.

Sie ist Michelangelos letztes florentinisches Werk und entstand in der Zeit, als er als Festungsbaumeister Florenz vergeblich gegen die Armee Karls V. zu verteidigen suchte. Den Schmerz um die verlorene Freiheit hat er in das blicklose Antlitz der *Nacht* gemeißelt.

In der gotischen Santa Croce, der größten Franziskanerkirche Italiens und dem Pantheon seines Ruhms, liegen von Michelangelo und Macchiavelli bis zu Rossini große Söhne des Landes begraben. Nur der pompöse, neoklassische Sarkophag Dantes steht leer. Vertrieben von seiner Stadt, in der er verschiedene Ämter bekleidet hatte, verstarb der Dichter nach ruheloser Wanderschaft 1326 in Ravenna, und dort blieben seine Gebeine trotz aller Bitten und Drohungen der Vaterstadt Florenz und ihrer Medicipäpste.

Santa Croce ist voller bedeutender Fresken und Kunstwerke (Donatellos Verkündigung!). Hier sei nur ein besonders geliebtes genannt: Giottos erst 1853 wiederaufgefundene Fresken in der Bardikapelle.

Cimabues Hauptwerk, der um 1260 auf ein Kreuz gemalte Gekreuzigte zwischen Maria und Johannes, trug man aus Santa Croce in die Capella dei Pazzi nebenan. Oder vielmehr den Schatten, den die Überschwemmung von 1966 von ihm übrigließ. Ich habe zwei Tage nach der Flutkatastrophe in der schlammverklebten Geisterstadt miterlebt, wie dieses Kreuz zur Restaurierung getragen wurde und Mönche, mit Booten durch Santa Croce stakend, seine Farbspuren aufzufischen suchten. Menschen knieten auf den überschwemmten Straßen vor dem Kreuz nieder, so als würde Christus noch einmal zu Grabe getragen.

Wer kann das schönste unter den Kunstwerken der Dominikanerkirche Santa Maria Novella (neben dem Bahnhof) ausmachen? Sind es die theatralischen Fresken des Filippo Lippi? Oder Nardo di Ciones Fresken vom Jüngsten Gericht (1357), die sicher von Dantes *Göttlicher Komödie* inspiriert wurden? Ist es Giottos Kruzifix in der Sakristei oder das von Brunelleschi, die einzige erhaltene Holzskulptur von seiner Hand? Für mich sind es Ghirlandaios Fresken in der Capella Maggiore hinter dem Hochaltar. 1485 bis 1490 malte er hier das Leben Marias. Fromme Betrachter können in dem Zyklus die Stationen ihres Lebens betrachten, weniger Fromme das Florenz des späten 15. Jahrhunderts – mit seiner Mode, seiner Eleganz, seinen Gelehrten, Künstlern und schönen Frauen.

Die Capella degli Spagnuoli hinter der Kirche ist mit hochinteressanten Fresken aus dem 14. Jahrhundert ausgemalt. Unter dem Schiff der Apostel im Sturm erzählen sie von der Geschichte des Dominikanerordens, den schwarzweißen Hunden *(Domini canes),* die über die Herde der Gläubigen wachen.

Zu den bleibenden Geschenken der Medici-Ausstellungen gehört die Vertreibung der Stadtverwaltung aus dem Palazzo Vecchio. Die sitzt jetzt in nüchternen Amtsstuben hinter dem burgartigen Palast, den Adolfo di Cambio am Ende des 13. Jahrhunderts für die Signoria erbaut hat. Nun darf man nicht nur die fürstlichen Säle, sondern auch die kleinen, freskengeschmückten Räume betreten, in denen uns mit der Kunst auch die Geister der Vergangenheit begegnen.

Die Loggia dei Lanzi rechts vor dem Palazzo Vecchio, die ihren Namen den Landsknechten verdankt und Modell für die Münchner Feldherrnhalle stand, enthält neben Cellinis Meisterwerk, dem Perseus, eine Reihe bedeutender Skulpturen. Benvenuto Cellini schildert in seiner Autobiographie, die Goethe übersetzt hat, anschaulich die Entstehung des Perseus.

Unter dem Monogramm Christi und dem Motto *Rex Regum et Dominus Dominantium,* was auf gut florentinisch nicht so sehr christliche Ergebenheit als Unabhängigkeit von weltlicher Herrschaft bedeutet, betritt man den Hof des Palazzo Vecchio. Zu Ehren einer Habsburger Medicibraut umrahmen ihn achtzehn Veduten österreichischer Städte. In seiner Mitte hält ein Bronzegenius des Verocchio seit 1476 einen nassen Fisch im Arm.

Im Salone dei Cinquecento im ersten Stock imponieren vor allem die Maße, die Skulpturen (Michelangelos *Vittoria*) und Vasaris Schlachtengemälde. Ein amerikanisches Forscherteam behauptet hartnäckig, daß sich unter ihm noch Reste von Leonardos *Schlacht von Anghiari* befänden. Die malte er wie sein *Letztes Abendmahl* in Mailand mit einer neuen Temperatechnik. Es heißt, die Farben seien Leonardo bei dem Versuch, sie mit Reisigfeuern zu trocken, von der Wand gelaufen.

Zu den schönsten Wandbildern gehören die Fresken in den Appartements der Medicipäpste Leo X. und Klemens VII.

Über die Uffizien und die Sammlungen im Pittipalast zu sprechen erübrigt sich. Es würde Bücher füllen. Nur die relativ unbekannte Galerie der Selbstporträts sei erwähnt. Sie befindet sich im Vasarikorridor, den der erste Verfasser von Künstlerbiographien 1565 als Verbindung zwischen dem Palazzo Vecchio und dem Pittipalast gebaut hat. Die Bilder lohnen so sehr einen Besuch wie die Blicke über den Arno und seine Brücken. Die waren bei Kriegsende von den Deutschen gesprengt worden. Nur der Ponte Vecchio, die älteste Brücke der Stadt, überlebte den Krieg. Die schönste, Ponte della Trinità, wurde stückweise aus dem Arno gefischt und rekonstruiert.

Der Vasarikorridor mündet in die weiten Boboligärten neben dem Palazzo Pitti. Aus den fürstlichen Gärten mit Brunnen und Statuen zwischen Alleen und Boschetten seien nur zwei Kuriositäten genannt: der fette Zwerg auf der Schildkröte gleich links vom Eingang, ein Porträt des Hofzwergs Pietro Barbino, das angeblich die mißmutigen Züge seines Herrn, Cosimo I., trägt, und die Grotta del Buontalenti, in der die Originale von Michelangelos *Gefangenen* standen, bis sie durch tropfsteinbeklekkerte Abbilder ersetzt wurden.

Die Villen und ihre Gärten, die Kirchen, Paläste und ihre Kunstwerke, die wir hier nicht aufzählen können, das Schatzhaus Florenz, mögen uns diese armseligen

Andeutungen vergeben. Nur ein Werk darf nicht fehlen: Masaccios Fresken in der Brancaccikapelle des Carmine.

Im Armenviertel San Frediano gelegen, wurde die romanische Kirche 1771 von einem Brand zerstört, der nur ihre Fassade und zwei Kapellen verschont hat. So blieb der von Masolino 1424 begonnene und von Filippino Lippi 1485 beendete Freskenzyklus erhalten, in dem Masaccios *Vertreibung aus dem Paradies* und seine Petrusszenen das erste Monumentalgemälde der Neuzeit sind.

Seit der Antike hatte kein Künstler Menschen in so dramatischer Realität und psychologischer Tiefe dargestellt. Leonardo, Michelangelo, Botticelli, Andrea del Castagno, das sind nur die Namen der Größten unter den Renaissancemalern, die immer wieder vor diesen Fresken standen und von ihnen lernten.

Über keine Stadt Italiens gibt es so viele und so gute Monographien wie über Florenz. Einige davon findet der Leser im Literaturhinweis dieses Bandes. Die Vorbereitung lohnt sich, will man in Florenz nicht von Eindrücken überflutet werden.

Das nahe Prato, das «Manchester der Toskana», macht aus Lumpen Gold und vergißt vor lauter Geschäftigkeit beinahe, wieviele Kunstwerke es besitzt.

Wir deuten nur Höhepunkte an. Filippo Lippis Freskenzyklus vom Leben des Täufers im Presbiterium des romanischen Doms. Rechts vom Portal, in der später angefügten grünweißen Marmorfassade, tanzt ein Puttenreigen Donatellos auf der Außenkanzel, von der viermal im Jahr Pratos wichtigste Reliquie, der *Heilige Gürtel*, gezeigt wird. Angelo Gaddis Fresken im Dom erzählen die Legende des Gürtels, den Maria vor ihrer Himmelfahrt dem Heiligen Thomas anvertraute.

In der städtischen Kunstsammlung im Palazzo Pretorio und im Dommuseum suche jeder, was ihn am meisten erfreut. Für mich sind es die Bilder Filippo Lippis und seines Sohnes Filippino.

Im alten Stadtkern Pratos stehen einige schöne Kirchen und ein Unikum in Mittel- und Norditalien: ein Stauferkastell. Im Auftrag Friedrichs II. erbaut, nehmen seine mächtigen, nackten Mauern und Türme sich in der Stadt der Lumpenhändler und Leinenweber wie eine feudale Fata Morgana aus Sizilien oder Apulien aus.

Siebzehn Kilometer von Prato entfernt liegt zu Füßen der Apenninausläufer Pistoia, aus dessen einst blühender Waffenproduktion das Wort Pistole abgeleitet wird. Wie in allen Städten der Toskana stammen seine bedeutendsten Bauwerke aus der Zeit, als es noch ein freier Stadtstaat war: aus dem 11. bis 14. Jahrhundert.

Der Dom in romanisch-pisanischem Stil und das frühgotische Baptisterium sind von schönen mittelalterlichen Palästen umgeben.

Die Domfassade mit ihren drei Loggienreihen, Andrea della Robbias Terrakotten über dem Mittelbogen und sein Flachrelief in der Lünette über dem Hauptportal, der prachtvolle Silberaltar in der Jakobuskapelle und die frühen Fresken sienesischer Maler im linken Seitenschiff des majestätischen Innenraums lohnen allein einen Abstecher nach Pistoia.

Kunstexperten kommen meist dreier Werke wegen hierher. Das sind die glasierten Tonreliefs aus der Werkstatt der della Robbia im Ospedale del Ceppo, die Marmorkanzel des Guido da Como in der romanischen Kirche San Bartolomeo in Pantano (1250) und die um 1300 von Giovanni Pisano geschaffene Kanzel der Kirche Sant'Andrea.

Wer durch das Hügelland vulkanischen Ursprungs, dem Montecatini und andere Thermen ihre heilenden Wasser verdanken, schnurstracks auf der Autobahn nach Lucca fährt, verpaßt wie immer viel Schönes dicht am Wege.

Fünfzehn Kilometer nördlich von Pistoia steht Leonardos Geburtshaus in Vinci. Ein Museum im Kastell zeigt Nachbildungen seiner phantastischen Maschinen.

In Cerreto Guidi, drei Kilometer von Vinci entfernt, wurde die Medicivilla, erbaut von Buontalenti, dem Publikum geöffnet. Eine Galerie von Porträts aus dem Palazzo Pitti zeigt hier den unaufhaltsamen Aufstieg der Familie Medici von schlichten Bürgern zum Herrscherhaus, das mit allen europäischen Dynastien verschwägert war. Die letzte Mediceerin, Anna Ludovica, die 1743 als Kurfürstin der Pfalz starb, vermachte Florenz den gesamten Kunstbesitz der Familie. So blieben die Medici bis heute die Mäzene ihrer Stadt.

Nicht weit von Empoli hockt die Altstadt von San Miniato al Tedesco mit Türmen, Kirchen und Palästen auf drei Hügeln über einem verschlafenen Landstädtchen. Die architektonische Grandezza hat ihre Gründe wie der Name. Hier residierten die Statthalter des Heiligen Römischen Reiches Deutscher Nation und zogen den Tribut Nord- und Mittelitaliens ein. Hier wurde Mathilde von Canossa geboren und von hier stammen die Familien Borromeo und Bonaparte, die Kirchen- und Weltgeschichte machten.

Lucca, im fruchtbaren Tal des Serchio gelegen, ist eine der wenigen Städte, die sich im 20. Jahrhundert kaum vergrößert haben und eifersüchtig ihre Stille, Schönheit und Traditionen bewahrten. Dazu gehört die Liebe zur Musik, die seine Komponistensöhne, Boccherini, Catalani und der größte von ihnen, Giacomo Puccini, geschürt haben.

Breite, von Platanen gesäumte Befestigungsmauern umgeben den Stadtkern und laden zur Promenade und zum Repetieren der Geschichte ein. Die ist lang und bewegt. Durch Bankwesen und Seidenweberei früh reich geworden, verlor Lucca als letzte Stadt der Toskana erst 1847 seine Freiheit an das Großherzogtum Florenz.

Das Schönste in Lucca? Für mich ist es die ruhige Atmosphäre in den engen Straßen und auf den malerischen kleinen Plätzen vor den romanischen Kirchen. Unter den vielen schönen Kirchen wähle ich nur zwei aus. Die eine ist der mächtige Dom mit dem spätgotischen Kirchenraum hinter einer asymmetrischen, romanischen Fassade. Die Innenfassade krönt der Heilige Martin. Seine vergeistigte Schönheit erinnert an den gleichaltrigen Bamberger Reiter. Der Dom enthält auch das ergreifende Grabmal, das Jacopo della Quercia für Ilaria di Caretto schuf.

Die Fassade von San Michele in Foro, über dem antiken Forum erbaut, ist in ihrer Bewegtheit und der Phantastik ihrer Ornamente das Glanzstück der pisanisch-lucchesischen Romanik. Über drei von Blendbögen überragten Portalen erheben sich zwei breite und zwei schmale Loggienreihen. Auf der Spitze thront der ungeschlachte Drachentöter Michael, flankiert von trompetenden Engeln.

Schlichtester und ältester Palast unter vielen: der romanische Ziegelbau der Case dei Guinigi, Sitz der einstigen Herrscherfamilie. Der baumbestandene Geschlechterturm gehört zu den Wahrzeichen Luccas.

In der Provinz Lucca wie in der angrenzenden Provinz Massa Carrara braucht man nur die Herdenstraßen des Tourismus zu verlassen, um unberührte Landschaften zu finden. Aber das ist eine Binsenweisheit, die nicht nur in der Toskana gilt.

Bergwildnis mit abgelegenen Dörfern und Burgen wechselt hier ab mit fruchtbaren Tälern. Über dem Flachland am Meer leuchten die Marmorgipfel der Apuanischen Alpen. Eine Fahrt auf weißgepuderten Straßen hinauf in das größte Marmorreservoir der Welt, ein Gang durch die Brüche, in denen Michelangelo das schlohweiße Gestein für seine Werke aussuchte und den Gigantenplan träumte, die Berge mit Hammer und Meißel zu formen, gehört zu den großen Erlebnissen, die Italien für seine Besucher bereithält.

Dicht an der Grenze zu Ligurien liegt die «Mondstadt» Luni mit Resten eines römischen Amphitheaters, des Forums und des Kapitols. Sie gab der umgebenden Landschaft zwischen Bergen und Meer den Namen Lunigiana.

Burgen auf den Hügelkuppen, Felsdörfer, die wie Schwalbennester an den Hängen kleben, geben der benachbarten Garfagnana einen eigenen Reiz. Ihre heimliche Hauptstadt, Barga, liegt dominierend über dem Serchiotal. Das alte Städtchen mit seinen hohen Häusern an steilen Straßen, überragt von einem Dom aus dem 12. Jahrhundert, lockt seit ein paar Jahren mit einer sommerlichen Opernsaison Gäste von weither an. Zu entdecken sind wenig bekannte Schätze, darunter im Dom eine der ältesten Kanzeln der Toskana mit archaisch-naiven Reliefs der Geburt Christi. Eine der seltenen unglasierten Terrakottamadonnen des Luca della Robbia erinnert daran, daß die berühmte Familie viele ihrer Werke hier gebrannt hat.

Die Küsten und Inseln

Die Festlandküste der Toskana besitzt bis Livorno Sandstrand, bis Rosignano malerische Felsen. Dann wird sie mit wenigen Unterbrechungen wieder breit und sandig bis zur Grenze zwischen der Toskana und Latium.

Letzte Reste der Hochwälder aus Pinien (vor allem bei Pisa) und mittelmeerischem Buschwald (Macchia) erinnern an die Natur, die hier dem Fremdenverkehr und der Bauspekulation geopfert wurde.

Im Naturpark des Monte Uccellina südöstlich von Grosseto erfährt man, zumal im betäubenden Duft der Frühjahrsblüte, was Italien mit seinen Uferwäldern verlor. Zwischen Myrten und Rosmarin, immergrünem Gestrüpp und Kiefern begegnen uns die letzten Herden wildlebender Pferde und die breitgehörnten grauen Rinder.

Fortsetzung Seite 143

DIE MAREMMEN

LEGENDEN ZU DEN BILDERN 113 BIS 132:

113 Weinberg bei Marsiliana. Die Maremmen waren jahrhundertelang ein malariaverseuchtes Sumpfgebiet. Erst durch die Entwässerung in den dreißiger Jahren wurde diese Küstenregion bewohn- und nutzbar.

114 Pfirsichblüte an der Via Aurelia, der alten römischen Küstenstraße, bei Follonica.

115 bis 120 Ländliche Idylle um Grosseto.

121 bis 126 Der Markt in Grosseto bietet die verwirrende Fülle südlicher Landesprodukte und Meerfrüchte, aber auch jede Art von Kleinkram.

127 Einlaufendes Schiff vor einer verfallenden Promenade in Livorno, dem wichtigsten Hafen am Tyrrhenischen Meer und einer bedeutenden Handelsstadt.

128, 129 Nachsaison in Marina di Grosseto, wo sich im August stadtmüde Römer zu Tausenden sonnen.

130, 131 Verlassene Strandkabinen in Forte dei Marmi.

132 Bootshafen von Livorno. Im Hintergrund die 1521 von Antonio da Sangallo, einem berühmten Renaissancebaumeister, projektierte Alte Festung.

115

116

117

118

119

120

121

122

123

124

125

126

127>

128

129

130

131

Berittene Hirten, die *Butteri* genannten Cowboys der Maremmen, wachen über sie und bewahren in unserem entzauberten Kontinent ein hartes, echtes Kapitel Wildwestromantik.

Die Maremmen, die von Grosseto bis zu den Pontinischen Sümpfen bei Rom ein malariaverseuchtes Sumpfland waren, sind zu einer Kornkammer geworden, nachdem man sie in den dreißiger und vierziger Jahren trockengelegt hat.

Die meisten der einsamen Siedlerhöfe stehen heute leer. Ihre Bewohner, des Eremitenlebens satt, zogen in die Dörfer und Städtchen, deren schönste, wie etwa Capalbio, im äußersten Südwestzipfel der Toskana liegen.

Den Buranosee zu Füßen Capalbios, den eine schmale, bewaldete Landzunge vom Meer trennt, hat der World Wildlife Fund zum Naturpark erklärt. Vor wenigen Jahren nisteten oder rasteten hier noch Flamingos, Kormorane, weiße Ibisvögel und anderes rares Wassergetier. Seit Omnibusladungen voller Ornithologen und Naturfreunden hier regelmäßig einfallen, sind die Vogelgäste selten geworden. Naturliebe ist in Italien ein ganz neues Phänomen. Wo sie ausbrach, wird sie mit Leidenschaft, aber bisher noch mit recht wenig Verständnis gepflegt.

Sechs abgeschlossene kleine Welten, die Inseln des Toskanischen Archipels, sind nicht im Vorüberhasten zu beschreiben. Dumas schrieb einen Roman über den Grafen von Montecristo, der allerdings mit der gleichnamigen Insel nicht viel zu tun hat.

Man sollte den Archipel mit einem guten Führer selbst erkunden und nicht vergessen, daß Gorgona und Pianosa Strafkolonien beherbergen und es daher nicht ratsam ist, sich ihnen zu nähern. Seit jüngstem spricht man von dem Plan, ein Atomkraftwerk auf der flunderflachen, nur vierzehn Kilometer von Elba entfernten Insel Pianosa zu errichten. Man kann sich die Sorge der Elbaner vorstellen.

Elba ist trotz seines Touristenbooms und der vielen Veränderungen, die er mit sich brachte, im Innern fast unberührt geblieben. Seine Flora reicht vom Edelweiß am höchsten Gipfel, dem Monte Capanna (1019 Meter), bis zu suptropischen Blüten an der Küste. Seine Landschaft ist voller Vielfalt: vom rötlichen Eisengestein am Ostufer zu dichten Kastanienwäldern, von lieblichen Oliven- und Rebhängen bis zu afrikanisch anmutender Dürre an der Westküste vor den Schneegipfeln Korsikas.

Den Blick vom Monte Capanna auf Elba, die blau verschwimmenden Inseln und die Festlandküste von Piombino könnte eine Hymne schildern, aber das klänge zu pathetisch.

Napoleonverehrer schwärmen von den Erinnerungstätten des Kaisers im Exil, der von 1814 bis 1815 Souverän der Insel war. Taucher, denen man 1979 endlich das Fischen mit Harpunen und Sauerstoffbehältern verboten hat, berichten von phantastischen Begegnungen mit Fauna und Flora am Meeresgrund. Unterwasserarchäologen fabulieren von Amphoren und gestrandeten antiken Schiffen. Sie wissen wohl so wenig wie die Denkmalpfleger, daß das intakte römische Schiff auf dem Grund des Golfs von Procchio seinen zukünftigen Bergern eine böse Überraschung bereiten könnte. Ein alter Weinbauer erzählte mir zwinkernd, er und seine Nachbarn hätten im Kriege, als es kein Kupfervitriol für ihre Reben gab, die Kupfernägel aus dem Schiff gezogen.

Seit dem 6. vorchristlichen Jahrhundert haben die Griechen auf der Eiseninsel Elba, die bei ihnen Äthalis, bei den Römern Ilva hieß, Erze im Tagbau gewonnen. Die rasche Machtentfaltung ihrer etruskischen Nachfolger ist nicht zuletzt dem Erzreichtum zu verdanken, den sie nach Populonia an der Festlandküste verschifften und dort verhütteten.

Im Museo Minerario in Rio Marina, einem Eldorado für Mineralogen, sieht man die Fülle der Erze, welche die unruhige Erde hier zurückließ. In Elba und den sechs kleineren Inseln vermutet man übrigens die Reste einer Landbrücke, die einmal das Festland mit Korsika verbunden hat.

Die Menschen von Elba haben im Gegensatz zu fast all ihren Landsleuten an den Küsten ihre Seelen noch nicht dem Tourismus verkauft. Sie nehmen die Fremden dankbar als Ersatz für die Fische auf, die immer seltener in ihre Netze gehen. Noch bis zum letzten Krieg hatten sie hauptsächlich vom Fischfang und Weinbau gelebt, besaßen kaum Straßen und hatten Bräuche, Dialekt und Architektur ihrer einstigen Machthaber bewahrt. Der toskanische Einfluß zeigt sich rings um den Eisenhafen Portoferraio, den Cosimo I. mit dem Namen Cosmopoli gegründet hat. In Porto Azurro an der Südküste, einst Dominium des Königreichs Beider Sizilien, hört der Sprachkundige noch heute spanisch-neapolitanische Dialektformen. Im Norden der Insel, der lange von einer ligurischen Adelsfamilie beherrscht wurde, hinterließ Genua seine Spuren.

Die Straße am Ufer und die Querverbindungen durch die Insel, die Fremden und die alles nivellierenden Massenmedien haben diese Unterschiede verwischt, aber nicht beseitigt. Sie haben auch bisher den Elbanern nicht die freundliche Gelassenheit genommen, die sie nach dem hektischen Sommer im milden Klima ihrer stillen Winter wieder auftanken.

Volterra, das Velathri der Etrusker, herrschte über Elba, Korsika und die tyrrhenische Küste von Livorno bis nach Piombino. Bis heute füllt die «neue» Stadt den Umfang der Etruskermauern nicht aus. Wie das Stadttor mit geheimnisvollen, verwitterten Köpfen und die reichen Schätze im Etruskischen Museum sprechen sie von dem Stadtstaat, der zu den mächtigsten des etruskischen Zwölfstädtebundes, Lukomonen, gehört hat.

Die Nekropole Volterras haben die *Balze* verschlungen, Abgründe, die immer näher an die Stadt heranrücken. Wind und Regen zerfressen das Lavagestein rings um die düsteren Mauern, die über eine zerklüftete Mondlandschaft bis zum Meer schauen.

Volterra ist eine unheimliche, großartige Stadt, in der es uns auch im heißen Sommer frösteln kann. Eine Medicifestung, Zeichen ihrer Unterwerfung, überragt sie. Sie dient als Zuchthaus. Bis Italien vor kurzem als erstes Land der Welt seine Irrenhäuser schloß, war hier auch eine psychiatrische Anstalt untergebracht. Der Theorie, daß Irrenhäuser nicht heilen, sondern Krankheit vertiefen und bestrafen, gab die Praxis bisher nicht Recht, weil alle Strukturen für eine Alternative fehlten.

Im Herzen Volterras steht der älteste Stadtpalast der Toskana. Dohlenschwärme umflattern seine Zinnen, den gotischen Palazzo del Pretorio gegenüber, den Turm des Podestà, von dem man über die verwaschenen Hügel bis zu den Inseln, im Norden über die Apuanischen Alpen bis zu den Gipfeln des Apennin blickt; die schwarzen Vögel hocken auf dem romanisch begonnenen Dom und seinem Baptisterium.

Volterra lebt heute wieder vom Alabaster wie schon in Etruskerzeiten. Und wie damals verführt das leicht zu bearbeitende Kalkgestein zum Kitsch – man kann das an den Reliefs auf den Aschenurnen im Museum nachprüfen.

Im Winter zerbrechen nur zwei Geräusche das Schweigen Volterras: das Krächzen der Dohlen und das Surren der Schleifmaschinen. Der feine Alabasterstaub zerfrißt die Lungen der Schleifer, die vom Alabaster leben und an ihm sterben. Schwarze Witwen, schwarze Vögel, stille Straßen zwischen trotzigen Palästen, die Abgründe vor den Toren, die Lebenslänglichen oben in der Festung – Volterra liegt düster und schwer vergeßlich wie ein Symbol der Vergänglichkeit im Sonnenland Toskana.

Man sagt, Italiens einzige Bodenschätze seien seine versunkenen Kulturen. Zu den Ausnahmen gehören die Erze auf Elba, am Monte Amiata und in den Colline Metallifere. Von der Schlängelstraße, die durch die Metallhügel und durch Wiesen und Wälder von Volterra nach Massa Marittima führt, sieht man die Heißwasserdämpfe von Lardarello, aus denen Elektrizität schon gewonnen wurde, als noch niemand von alternativer Energie sprach.

Massa Marittima schmückte sich im 12. und 13. Jahrhundert als Bischofssitz und Herrin über reiche Metallgruben mit großartigen Gebäuden. Sein Dom, in pisanisch-romanischem Stil begonnen und gotisch vollendet, die mittelalterlichen Paläste, die ihn umgeben, und Ambrogio Lorenzettis *Thronende Muttergottes* im Palazzo Comunale sind einige Juwelen aus seiner Vergangenheit.

Von Volterra ist es ein Katzensprung nach San Gimignano, dem berühmtesten unter den toskanischen Hügelstädtchen etruskischen Ursprungs. Im Sommer bezahlt es seinen Ruhm mit schier unerträglichem Touristengewimmel. Wer die Kleinstadt mit der Skyline der dreizehn von einst 72 hohen Geschlechtertürmen besucht, wird neben ihrem Reichtum an Kunst und Architektur den Alltag von Menschen erfahren, die sich im Sommer wie unfreiwillige Museumswärter fühlen. Außer den berühmten Fresken (Ghirlandaio im Dom, Benozzo Gozzoli in Sant' Agostino) vergesse man nicht Lippo Memmis 1317 datierte *Maestà* im Dantesaal des Städtischen Museums neben dem Dom.

An Monteriggione, dem Festungsdorf an der Schnellstraße Florenz–Siena, das schon Dante erwähnt hat, jagen die meisten vorüber – und sollten sich doch den kleinen Abstecher gönnen, um dieses ummauerte Stück belebter Vergangenheit anzuschauen.

Nicht nur für Boccaccioverehrer lohnt ein Abstecher nach Certaldo, wo der Verfasser des *Decamerone* vielleicht 1313 geboren wurde, gewiß 1373 starb und in der

Kirche San Michele e Jacopo beigesetzt wurde. Die Castello genannte hochgelegene Altstadt aus roten Ziegelbauten hat neben dem Haus des Schriftstellers (Sitz des Nationalen Zentrums für Boccaciostudien und einer kleinen Bibliothek mit raren Ausgaben seiner Werke), seiner Grabkirche und dem Palazzo del Vicario den selten gewordenen Charme einer unberührten Idylle. Der Schein trügt: Die Altstadt wurde im Krieg schwer beschädigt, aber liebevoll wiederaufgebaut.

Pisa

Auf dem Campo dei Miracoli, dem «Feld der Wunder» in Pisa, lösen sich Architektur und Bildende Kunst Italiens zum erstenmal vom allmächtigen byzantinischen Einfluß. Hier beginnt die Neugeburt der Kunst. Aber das vergißt man zumeist und gibt der Renaissance in Florenz alle Ehre.

Das älteste der vier Bauwerke aus dem weißen Marmor von Carrara, der Dom, wurde 1063 von einem Griechen begonnen. Seine Festlichkeit und Eleganz wurden zum Vorbild des pisanisch-romanischen Stils.

Mit dem Baptisterium und dem Schiefen Turm bildet er den größten romanischen Baukomplex des Landes. Vor seiner Harmonie ist es schwer faßbar, daß Generationen von Baumeistern drei Jahrhunderte lang an ihm gearbeitet haben.

Mit den Reliefs des Niccolò Pisano an der Kanzel des Baptisteriums beginnt die italienische Plastik. Ihre spätantiken Vorbilder auf Sarkophagen, welche die Pisaner als Kreuzzugsbeute mitbrachten, kann man im Camposanto sehen. Hier läßt sich erkennen, wie die klassische Phädra sich unter der Hand des Bildhauers aus Apulien, der sich in Pisa stolz *Pisano* nannte, in die Himmelskönigin verwandelt hat.

Im klassischen Rundbau des Baptisteriums demonstrieren die Kustoden das Wunder seiner Akustik. Nie habe ich außerhalb Italiens erlebt, was man hier immer wieder findet: Menschen, die sich ein dürftig bezahltes Kustodenleben lang jeden Tag aufs Neue engagiert und wie stolze Hausherren fühlen.

Aus der Fülle der Kunstwerke im Dom seien hier nur zwei hervorgehoben: der Altar des Giovanni Pisano, Enkel des Niccolò, und das Grabmal Heinrichs VII. von Tino di Camaiano. Mit diesem Römischen Kaiser deutscher Nation, der in Buonconvento südlich von Pisa früh verstarb, wurde Dantes Hoffnung auf ein irdisches Reich unter Gottes Ordnung begraben. An der Bronzelampe vor dem Hauptaltar hat Galileo Galilei, Pisas größter Sohn, das Pendel studiert, bevor er von der Spitze des Schiefen Turms die Fallgesetze erforschte.

1175 begann der Bau des Campanile. Als man beim dritten der romanischen Säulengeschosse ankam, gab der Sandboden unter den Fundamenten nach – zum Hohn der feindseligen Nachbarn. Hundert Jahre später setzte man dem sechsten Geschoß die luftige Spitze auf. Der Schiefe Turm galt von nun an als Weltwunder. Statiker und Ingenieure bemühen sich immer wieder, ihn zu festigen. Heute weicht er vier Meter von der Vertikalen ab, und sein Anblick erregt wirklich Schwindel. Wer ihn dennoch besteigt, kann ganz Pisa und die Berge von Carrara betrachten, aus denen der Marmor für das «Feld der Wunder» kam.

Der Camposanto ist das einzige gotische Attribut im Bereich der romanischen Gottesstadt aus hellenischem Geist. Er enthält bedeutende Fresken von Taddeo Gaddi, Spinello, Aretino, einen *Triumph des Todes* von dantesker Anschaulichkeit, über dessen Schöpfer die Kunstgelehrten noch streiten, und die armseligen Reste von Benozzo Gozzolis *Sodom und Gomorra*. Das Fresko vom Untergang der sündigen Städte fiel wie anderes Unwiederbringliches in Pisa dem Feuerregen des letzten Krieges zum Opfer.

Pisas schönste Kirchen stammen aus der Zeit seiner Macht, dem 12. und 13. Jahrhundert. An der Piazza dei Cavalieri, dem einstigen Zentrum der Seerepublik, das Vasari im 16. Jahrhundert umgebaut hat, residiert im Palast der Sarazenenjäger vom Stefansorden Italiens renommierteste Hochschule, die Scuola Normale.

Am Weg zur früheren Arnomündung steht dort, wo der Legende nach Petrus gelandet sein soll, die majestätische Basilika San Pietro in Grado aus dem 11. Jahrhundert. Ein unbekannter Meister malte hier einen bedeutenden Freskenzyklus vom Leben Petri. Vierzehn Kilometer östlich von Pisa wurde die Kartause von Calci, ihrer Mönche und ihres Sinnes beraubt, als Nationaldenkmal zur Besichtigung geöffnet. Im 18. Jahrhundert umgebaut, erinnert sie an die Leichtigkeit und Beschwingtheit süddeutscher Barockbauten und ist damit ein Unikum in Italien, wo Berninis überladene Prunkarchitektur als Inbegriff des Barocks gilt. Las jemand die Aufschrift über dem Portal? Können wir sie im rastlosen Getöse unserer Zeit noch verstehen? *«Abitantibus oppidum carcer, solitudo paradisum est»* – «Den Einwohnern ist die Stadt ein Gefängnis, die Einsamkeit das Paradies».

Siena

Siena, das seinen Namen von Senus, dem Sohn des Remus, herleitet, trägt wie Rom die säugende Wölfin im Wappen. Geisteswelten trennen die irrationale Leidenschaft und Phantasie dieser Stadt von der Klarheit und Vernunft ihrer Erzfeindin Florenz. Als Karl V. im Jahre 1555 die Ghibellinenstadt, die mit den Kaisern aus dem Norden auch die gotische Kunst liebte, eroberte und sie dem Großherzogtum Toskana einverleibte, wanderten 700 ihrer einflußreichsten Familien aus. Seitdem war und blieb Siena eine unbedeutende Landstadt. Seine Größe stammt aus der Zeit der Freiheit. Noch heute sprechen die Sieneser von dem Sieg bei Montaperti über das verhaßte Florenz. Das war im 13. Jahrhundert.

Eingebettet in das Silber der Ölbäume und das Dunkel der Zypressen der mittelitalienischen Hügellandschaft, ist Siena die einzige größere Stadt Italiens, in der die Gotik dominiert. Sein schwarzweißgestreifter Dom wurde schon im 12. Jahrhundert begonnen. Aber eine Pestepidemie, die mit der halben Stadtbevölkerung auch den Baumeister hinwegraffte, unterbrach den ehrgeizigen Plan, das größte Gotteshaus der Toskana, ja der Christenheit zu erbauen. Gotisch vollendet wurde nur das Quer-schiff. Das Skelett des Langschiffs, in dem sich heute das Dommuseum befindet, zeigt, wie gewaltig man hier geplant hatte.

Zu den wichtigsten Kunstwerken im Dom gehören neben der Kanzel des Niccolò Pisano und vier Statuen des jungen Michelangelo am Piccolominialtar die anmutig verspielten Fresken Pinturicchios in der Libreria Piccolomini.

Mit Duccio di Buoninsegnas *Maestà* (1308–1311) im Dommuseum beginnt und gipfelt die sienesische Malerei. Noch ganz im hellenistisch-byzantinischen Stil befan-gen, hat sie die Zartheit gotischer Miniaturen.

In dieser Stadt, die ganz voller Kirchen, Paläste und Kunstwerke ist, braucht man mehr Muße als ein festes Programm.

Was man nicht übersehen darf: das Baptisterium mit dem Taufbecken des Jacopo della Quercia; den spätgotischen Palazzo Buonsignori, der mit der Nationalpinako-thek die Entwicklung der sienesischen Malerei, beginnend im 13. Jahrhundert, ent-hält; das Staatsarchiv im Renaissancepalast der Piccolomini, das eine wenig bekannte Kunstsensation besitzt – die sogenannten *Tavolette di Biccherna,* die Kontobücher der Stadt von 1258 bis 1659, deren Deckel, mit kostbaren Miniaturen versehen, ein Bil-derbuch von Sienas Geschichte sind.

Die asymmetrische Harmonie der Piazza del Campo, des weltlichen Herzstücks von Siena, ist so schön und unvergleichbar wie der Markusplatz von Venedig oder der Petersplatz in Rom. Umgeben von gotischen Palästen, deren ältester das Rathaus ist, überragt von der lilienschlanken Torre del Mangia, wird der Campo zweimal im Jahr zum Schauplatz des *Palio.*

Das ist ein barbarisches Rennen auf ungesattelten Pferden, die dreimal das abschüssige Oval des Muschelplatzes umkreisen. Am 2. Juli zu Ehren der Madonna di Provenzano, am 16. August im Namen der Madonna dell'Assunta veranstaltet, kommt sein Name von dem Pallium, dem Banner mit dem Bild der Madonna, das der siegende Stadtteil erhält.

Für die Gäste, die hier willkommen, aber vergessen sind, ist der Palio zunächst ein ermüdend langer historischer Festzug der siebzehn Stadtteile von Siena, Kontra-den genannt. Für Siena ist er ein interner Krieg, ein Sicherheitsventil für uralte Feh-den und Passionen, das erst geöffnet wird, wenn die Stadt sich mit dem Festzug in selbstgenießerischer Ruhe gefeiert hat.

Schon während des Rennens, bei dem Pferde und Reiter ihr Leben riskieren, bricht in Freuden- und Verzweiflungsszenen eine Massenhysterie aus, die Psychologen und Soziologen bisher vergeblich zu analysieren versuchten. Sie sind sich nur darin einig, daß hier ein anachronistisches Stück mittelalterlichen Fehdegeistes lebendig geblie-ben ist.

Rings um die abschüssige Rennbahn ist der Campo bis auf den letzten Platz gefüllt. In allen Fenstern, auf allen Dächern ringsum drängen sich die Menschen. Nur die Kranken und Alten fehlen – und vielleicht die Allerpassioniertesten, die an diesen Tagen Siena den Rücken kehren, weil sie fürchten, die Erregung nicht lebendig zu überstehen. Wenn das Rennen vorüber ist, wird der siegreiche Reiter vom Pferd gerissen und fast erdrückt. Menschen weinen vor Freude und vor Zorn.

Die Fremden begreifen schnell, daß dies kein für sie arrangiertes Schauspiel ist. Aber wer von ihnen weiß, daß die siegende Kontrade, die jetzt zum Te Deum in den Dom stürmt, eine Woche lang ihren Triumph mit am Spieß gebratenen Ochsen und Strömen von Chianti feiern wird? Daß Siena diesen Tag ein ganzes Jahr lang vorbereitet hat? Daß der Palio Familien und Freunde entzweit, weil sie in verschiedenen Stadtteilen leben? Daß er Erben verzweifeln läßt, weil das erhoffte Geld der Kontrade überlassen wurde? Daß hier Vermögen für die Vorbereitung ausgegeben werden, Jockeys für Millionen von Lire für den Ritt eingekauft und mit ebenso hohen Summen von den Gegnern bestochen werden? Ahnen die Touristen, daß Siena am Tag seines Palio vor Erregung einem kollektiven Nervenzusammenbruch nahe ist?

Im Rathaus an der Piazza del Campo sind einige der schönsten Wandmalereien des frühen Siena. Hier schuf Simone Martini mit dem Fresko des Feldherren Guidoricci zwei abendländische Kunstpremieren. Der Ritter, der zwischen den Türmen von San Gimignano und Sienas Mauern daherreitet, ist das erste Monumentalbild eines weltlichen Zeitgenossen (1328) in der ersten naturalistischen Landschaftsdarstellung der nachantiken Malerei. Unter ihm taucht nach jüngsten Nachrichten (Oktober 1980) ein weiteres Landschaftsbild auf, das vermutlich ebenfalls von Simone Martini gemalt wurde. Seine *Maestà* an der gegenüberliegenden Wand, wie die *Umiltà* genannten Mariendarstellungen eine Erfindung der frühen Maler Sienas, das die Gottesmutter zur Stadtherrin ernannt hatte, sowie Ambrogio Lorenzettis allegorische Fresken über die Folgen der guten und schlechten Regierung im Nebenraum gehören zu den großen künstlerischen Aussagen, die Siena uns schenkt.

In der Loggia im zweiten Stock des Rathauses liegen die Fragmente der *Fonte Gaia* des Jacopo della Quercia. Der schöne Brunnen an der Stirnseite des Campo ist eine Rekonstruktion des Originals.

Im Süden von Siena

Die Landschaft im Süden von Siena blieb streng, weit und einsam. Ihr Wahrzeichen ist der erloschene Vulkankegel des Monte Amiata, den man auf einer bequemen, von Kastanienwäldern gesäumten Straße «erfahren» sollte, um den Rundblick von seiner Spitze zu genießen.

Auf einem bewaldeten Hügel über den *Crete* genannten Erosionsrinnen liegt die Abtei Monte Oliveto Maggiore. Zu den Ordensregeln der Olivetaner gehört die Gastfreundschaft. Wer hier einkehrt, wird den gregorianischen Gesang der Mönche so wenig vergessen wie den lebendigen Freskenzyklus vom Leben des Heiligen Benedikt, den Signorelli und Sodama im Kreuzgang gemalt haben.

San Quirico d'Orcia liegt auf der Hochebene, die das Tal der Orcia von dem des Asso trennt. In dem kleinen, alten Dorf stehen feierliche Renaissancepaläste, deren

Fortsetzung Seite 159

DIE MAREMMEN

135

136

137

138

139

140

größter, der Palazzo Chigi, nach der Bombardierung im letzten Krieg zum Speicher degradiert wurde. Landmaschinen in Festsälen, Kornberge unter zerfallenden Fresken, Marmortreppen, die ins Leere führen – wer die Tür zum Palazzo Chigi offen findet, wähnt sich in einem surrealistischen Bühnenbild.

Die Collegiata daneben hat zwei schöne romanische Portale, besonders faszinieren die Reliefdarstellungen kämpfender Ungeheuer über dem Hauptportal.

Das nahe Pienza ist die erste urbanistisch geplante Stadt Italiens, der steingewordene Traum des Humanisten Enea Silvio Piccolomini, der als Pius II. den Papstthron bestieg. Diese Musterstadt der Renaissance mit weitem Blick ins Land wurde nie vollendet. Aber was sich da an Bauwerken um die Kathedrale schart, ist Vollendung. Neben dem Familienpalast der Piccolomini, dem Meisterwerk des Florentiner Architekten Rossellini, ließ der Papst Paläste für seine Kardinäle errichten, deren Proportionen dem Kirchplatz eine beglückende Harmonie verleihen.

Zu Füßen Pienzas blieb von dem Geburtsort Enea Silvios, Corsignano, nur eine vorromanische Kirche mit zylindrischem Glockenturm und aufregenden, verwitterten Reliefs über den Portalen übrig.

Montepulciano lag, allenfalls von Weinkennern seines *Vino Nobile* wegen besucht, in all seiner architektonischen Pracht fast vergessen auf einem Hügel zwischen der Valdichiana und dem Orciatal, bis Hans Werner Henzes musikalische «Kunstwerkstatt» es wieder in Erinnerung rief.

Seitdem hier alljährlich im Juli bekannte Solisten, Orchester und Chöre mit den Blaskapellen der umliegenden Dörfer und den Kindern Montepulcianos um die Wette musizieren, erfuhren die Gäste, wie schön die Kirchen sind, die sich eine nach der anderen für die Aufführungen öffneten, wie prächtig der Domplatz mit den Palästen Sangallos und Vignolas sich als Kulisse ausnimmt und welch wunderbare Akustik San Biagio zu Füßen des Stadthügels besitzt, das mancher für das schönste Bauwerk Sangallos des Älteren erklärt.

Von Chiusi, dem Chamars des etruskischen Zwölfstädtebundes, das die einzigen bemalten Gräber der Toskana besitzt, führt die Autostrada del Sole nach Arezzo, der Geburtsstadt des Erfinders der Notenschrift, Guido Monaco, des boshaften Schriftstellers Pietro Aretino und Vasaris. Für mich ist Arezzo vor allem die Stadt des Piero della Francesca (1415–1492). Seine *Geschichten vom Kreuz* im Chor von San Francesco sind eines der Hauptwerke der italienischen Malerei.

Gotik und Renaissance verbinden sich harmonisch in den Gebäuden um die Piazza Grande. Von dem unregelmäßigen Platz, auf dem ein uraltes Reiterspiel, *La Giostra del Saracino,* abgehalten wird, sieht man die romanische Apsis der Pieve di Santa Maria. Die grandiose Fassade dieser Kirche öffnet sich gegen die schönste Straße der Altstadt, den Corso Italia. Die Kunstwerke im Innern der Pieve gehören zum Muß für Kunstinteressierte: Cimabues Kruzifix in San Domenico, die *Vasi Aretini* und Etruskerfunde im Archäologischen Museum.

Wie mächtig Cortona einmal war, zeigen die Etruskermauern der malerischen Hügelstadt, von der man halb Mittelitalien überblickt. Eine Medicifestung überragt die Geburtsstadt Signorellis und des phantasievollen Barockarchitekten Pietro di Cortona. Auch Cortona verdient, in Ruhe erforscht zu werden, und belohnt das mit Entdeckungen.

Zu Füßen der Stadt führt eine schmale Straße zum Convento delle Celle, das Franziskus gegründet hat. Von hier trugen seine Jünger den Todkranken heim nach Assisi. Das kleine Kloster im Felsental bewahrte die franziskanische Demut, die man im berühmten La Verna nicht mehr findet. Auf jenem Berg im wilden Apennin, hundert Kilometer nördlich an der umbrischen Grenze, auf dem Franziskus die Stigmata empfing, steht ein riesiger Klosterkomplex, der trotz der Kunstwerke in seinen beiden Kirchen, vor allem Terrakotten der Robbiaschule, mehr an eine Garnison als an den *Poverello* erinnert.

Nicht weit von La Verna liegt im schönsten Hochwald des Landes Camaldoli, das Stammhaus des Camaldolenserordens und der *Eremo,* der Einsiedlersitz der Weißen Mönche.

Franziskus, der Schutzpatron Italiens, hat uns auf klösterliche Abwege gebracht. Vielleicht befremdet es manche Leser, daß hier immer wieder von ihm die Rede ist. Aber ich meine, man kann weder von der Toskana noch von Umbrien erzählen, ohne den sanften Heiligen und seine Erinnerungsstätten zu erwähnen, die immer noch diese Landschaften prägen. Auf die Frage, wie sein Ort und die Gegend ringsum so unberührt bleiben konnten, erwiderte mir der kommunistische Bürgermeister eines Dorfes an der Grenze zu Umbrien lächelnd: «Das ist eines der Wunder unseres Heiligen Franziskus.»

Der karg bemessene Platz ließ uns immer atemloser an Wichtigem vorüberjagen. So vergaßen wir im Chianatal die Burgen, in denen Dante sein erstes Exil fand, und die romanischen Dorfkirchen, die in vielen Orten auf aufmerksame Besucher warten. Nur ein Beispiel: neben der romanischen Pieve di Socana bei Bibiena grub man vor fünf Jahren einen riesigen etruskischen Opfertisch aus. Unter der Kirche ortete man einen Tempel.

Der Geburtsort des Piero della Francesca, San Sepolcro, liegt im obersten Tibertal, das parallel zum Casentino, dem oberen Arnotal, verläuft. Aus einem Oratorium, das Pilger hier um Splitter des Heiligen Grabes erbauten, wurde eine freie Reichsabtei. Ihr mehrmals umgebauter Dom bewahrte seine spätromanische Fassade.

In der Städtischen Pinakothek von San Sepolcro wird neben einem Flügelaltar Pieros eines seiner Hauptwerke aufbewahrt; das Fresko der Auferstehung. Neben dem leeren Sarkophag, auf den der Auferstandene wie ein antiker Sieger den Fuß setzt, lehnt Piero, der Maler.

Kurz vor der Grenze Umbriens liegt links von der Straße nach Città di Castello der Friedhof des Festungsdorfes Monterchi. Hier wurde Piero della Francescas Mutter geboren. Über Mutters Grab malte der Sohn auf die Friedhofswand die *Madonna del Parto.* Man hat das Fresko abgenommen und in eine kleine Kapelle gebracht. Da steht die hochschwangere Maria, bäuerlich und königlich zugleich, flankiert von zwei

Engeln in bunten Stiefeln, die einen Vorhang beiseite ziehen. Nach all den zärtlichen und hoheitsvollen Madonnen mit dem Gotteskind, die uns in Kirchen und Museen der Toskana begegneten, stehen wir in Monterchi betroffen vor der antikischen Ruhe einer Schwangeren, die mit ihrem Kind das Kreuz erwartet.

Wir nehmen hier Abschied von der Toskana, deren Landschaft und Kunst wir nur streifen konnten. Aber schon ein kurzer Blick auf dieses Herzland der Kultur und, so meinen wir, auf die Bilder dieses Bandes, machen klar, was die Toskana uns rastlosen Menschen einer Welt im Umbruch zu sagen hat.

Umbrien

Licht und Landschaft, Architektur und Mentalität der Bewohner scheinen dem Reisenden, der aus der Toskana nach Umbrien kommt, zunächst unverändert. Nur wer Italien sehr gut kennt, wird an der toskanischen Südgrenze beim Anblick Orvietos auf seinem Tuffelsen schon an das nahe Latium denken. Weiterreisend wird er erfahren, daß fast alle umbrischen Städte auf Hügeln oder an Berghängen erbaut sind. Doch nur Orvieto ist wie aus dem Tuff gewachsen wie die südlicheren Etruskerstädte, es thront wie ein Raubvogelnest auf seinem senkrecht abfallenden Hügel, dessen Fuß in Weinreben und Olivenhaine gebettet ist. Aber es ist nicht düster wie die Städte des Latium. Es glänzt hell von weitem, und die Fassade seiner Kathedrale, eines der mächtigsten gotischen Dome Italiens, schimmert in goldenen Reflexen. Im Volksmund heißt sie ihrer Mosaiken wegen *La nuvolo d'oro,* die Goldene Wolke.

Man muß ins Innere Umbriens fahren, um zu spüren, daß dies ein anderes Land ist, ein neues, unverkennbares Universum in der Vielfalt italienischer Regionen. Sie haben auch unter der entstellenden Kruste von Industrialisierung und Bauspekulation der Nachkriegszeit, die das Land mehr verwüstet haben als alle Kriege und Naturkatastrophen seiner Geschichte, alle eines gemein: den Reichtum an berühmten oder wenig bekannten Kunst- und Naturschätzen.

Jede Region hat ihren eigenen Charakter, den zu verstehen es offener Augen, Muße und einer Fähigkeit bedarf, die altmodisch und pathetisch klingt: des Einfühlungsvermögens. Das braucht man nirgends so sehr wie im fast unbekannten Umbrien.

Es ist eine der kleinsten und am dünnsten besiedelten Regionen des Landes und die einzige der Halbinsel, die keinen Zugang zum Meer besitzt. (Das Piemont und die Lombardei rechnet man noch zum Festland.)

Ringsum von Apenninzügen umschlossen, die heiße Sommer und kalte Winter ermöglichen, zu zwei Dritteln von Bergen und Hügeln bedeckt, fehlt dieser Region also die größte Touristenattraktion Italiens: das Meer. Das ist neben dem lockeren Verkehrsnetz ein Hauptgrund dafür, daß sie relativ unbekannt blieb.

Wer Umbrien in Worten und Bildern zu schildern versucht, sollte sich bei seinen Kennern, bei denen, die es eifersüchtig lieben, im voraus entschuldigen. Wenn es ihm nämlich gelingen sollte, diesem Land gerecht zu werden, läuft es Gefahr, seinen größten Zauber, die Stille, zu verlieren. Aber schon die Fremdenwerbung lockt in «Italiens grünes Herz», in das «stille, mystische Umbrien».

Jeder kennt, wenigstens vom Hörensagen, drei umbrische Städte: die Hauptstadt Perugia und seine Ausländeruniversität; die «heimliche Hauptstadt», Assisi, und Spoleto, den alten Herzogsitz der Langobarden, den der Komponist Giancarlo Menotti mit dem 1957 gegründeten *Festival Zweier Welten* zu Ruhm gebracht hat. 1980 kam dann mit der 1500-Jahrfeier der Geburt des Benedikt von Nursia (Norcia), dem neuerdings zum Schutzpatrons Europas avancierten Begründer des abendländischen Mönchstums, noch sein Geburtsort ins Gespräch. Norcia liegt im Südosten Umbriens zu Füßen der Sibillinischen Berge, die schon zu den Marken gehören. Aber Hand aufs Herz, wer weiß, wo das ist?

Auf den 8500 Quadratkilometern Umbriens wohnen etwa 800000 Menschen. Perugia, die einzige «Großstadt», hat 150000 Einwohner. Umbrien besitzt nur 56 Gemeinden, aber 800 *Centri storici,* kunsthistorisch bedeutende Orte. Obwohl es hauptsächlich ein Berg- und Hügelland ist, spielen Flüsse, Seen und Quellen eine entscheidende Rolle in seiner Geographie. Der Trasimenische See ist mit seinen 128 Quadratkilometern das größte Binnengewässer der Halbinsel, das viertgrößte Italiens.

Der Tiber, der nicht weit von der Arnoquelle am Monte Falterona am benachbarten Monte Fumaiolo auf toskanischem Gebiet entspringt, fließt 200 Kilometer durch Umbrien. Sein breites, fruchtbares Tal durchschneidet wie das Valle Umbra das Land von Nord nach Süd. Viele kleinere Flüsse bewahren der Region auch im heißen Sommer noch Frische und Grün. Kleine, tiefe Bergseen, unter denen der Lago di Piediluco bei Terni wohl der schönste ist, verstärken den Eindruck, daß dieses Bergland im Herzen Italiens ein Reich uralter Wassergottheiten sei.

Umbrien hat sein Gesicht und seine Seele bewahrt wie kaum eine andere Landschaft Italiens. Neben dem Meer und den großen Verkehrswegen fehlt auch, mit Ausnahme der Stahlwerke von Terni, die Großindustrie. Die vielen kleinen Gewerbebetriebe, die sich immer weiter in den Ebenen ausbreiten und den rationellen Großbetrieben der Landwirtschaft den Platz streitig machen, haben den Eindruck, Umbrien sei immer noch ein Agrarland, nicht verwischen können. Aber die Landwirtschaft der winzigen Familienbetriebe im Hügelland ist in einer Krise. Die kleinen, nach Altväterart bearbeiteten Felder bieten zwar den Anblick einer bukolischen Bilderbuchidylle, aber diese führte zu massiver Landflucht. Wie überall in Westeuropa blieben in den armen Hügelgegenden und im Bergland die Alten allein mit ihrer harten Arbeit, ihren geringen Ansprüchen und ihrer archaischen Lebensform. Die Jungen flohen auf der Suche nach dem Wohlstand in die Ebene oder emigrierten.

Noch ist der allgemeine Wohlstand und mit ihm die Mentalität, die im Fremden nicht den Gast, sondern nur die Erwerbsquelle sieht, hier nicht eingekehrt. Bis jetzt haben die Bewohner Umbriens, auf der westlichen Tiberseite Nachfahren der Etrusker, auf der östlichen der Umbrer, es besser als alle anderen Landsleute verstanden,

Unwiederbringliches zu bewahren: ihre Natur und die Zeugnisse ihrer künstlerischen Vergangenheit.

Während man fast jeden Bericht über das heutige Italien mit dem Märchenprolog «Es war einmal» beginnen muß, um dann von der verwandelten Gegenwart zu sprechen, darf man hier oft im Präsens von Landschaften erzählen, die immer noch so aussehen wie in den Bildern der größten umbrischen Maler: des Perugino und des Pinturicchio.

Wir wollen versuchen, das Bild Umbriens wiederzugeben, wie es sich uns in einem nassen, eisigen Mai und an strahlenden Julitagen im Duft der Linden und im Gold des Ginsters eingeprägt hat. Es sind nur Momentaufnahmen.

Den Schlußakkord für die Toskana hatte uns Piero della Francescas *Madonna del Parto* in Monterchi geboten. Er klang noch lange nach, als wir auf gewundener Straße im Tibertal zu unserem ersten umbrischen Ziel, Città di Castello, fuhren. Wie in den winzigen, befestigten Hügeldörfern, *Castelli* (Burgen) genannt, die wir später in der Gegend von Todi sahen, steht auch hier weder Schloß noch Burg. Wie sie ist die Stadt jedoch mit Mauern, Türmen und Toren wie eine Festung angelegt.

Alljährlich im August Schauplatz internationaler Kammermusikkonzerte, besitzt Città di Castello eine Reihe bedeutender Bauwerke. Der nie vollendete gotische Stadtpalast, der Dom und die drei Renaissancepaläste der einstigen Herrscherfamilie Vitelli sind die schönsten. Unter den Kunstwerken, deren wichtigste in der Städtischen Pinakothek und im Dommuseum aufbewahrt werden, befinden sich drei verblaßte Standarten, die der junge Raffael gemalt hat. Eine Bronzetafel an der Außenwand der Kathedrale spricht vom größten Kunstwerk der Stadt, Raffaels *Vermählung der Jungfrau,* das Napoleons Säkularisierung in die Mailänder Brera brachte und um das Città di Castello noch heute trauert.

Das kleine Umbertide mit seinem mittelalterlichen Stadtpalast liegt am linken Tiberufer in der lieblichsten Landschaft des Tals zwischen burgengekrönten Hügeln. Eindrucksvoll thront das Castello di Civitella Ranieri fünf Kilometer nördlich von Umbertide zwischen seinen vier Türmen.

Kaum eine Fahrtstunde von der toskanischen Grenze entfernt schien es uns, als hätten wir schon den Nenner für den Unterschied zwischen den Regionen gefunden: die Sanftheit Umbriens. Dieser erste Eindruck bestätigte sich immer mehr. Sanft sind hier Landschaft und Farben, sanft sind auch die Menschen, und die Kunst spiegelt es wider.

Wo aber die verfließenden Linien der Ebene und des Hügellands aufhören, wo zwischen schroffen Bergen Wildflüsse durch steile Schluchten toben, wird die Landschaft romantisch. Das ist ein Begriff, der uns in der abstrakten Strenge der Toskana und ihrer Kunst nie in den Sinn kommen würde. Erst vor den efeubewachsenen Mauern Umbriens wurde uns klar, daß wir in der Toskana, in der jedes überflüssige Ornament fehlt, kaum Efeu gesehen hatten.

Nach dem funkelnden Witz, den zwischen Florenz, Siena und Montepulciano auch der einfache Landmann besitzt, und den die nicht so schlagfertigen Nachbarn

Bosheit nennen, wirkt die bedächtige Freundlichkeit der Umbrer fast kindlich, so als seien sie Überbleibsel aus einer anderen, geruhsamen Zeit. Auch im Typ unterscheiden sich die Nachbarn, vor allem im Inneren und im Süden Umbriens, deutlich von den schlanken Toskanern mit den scharfgeschnittenen Profilen. Sie sind dunkler und gedrungener, ihre Gesichter sind breiter. Oft begegneten uns Mädchen mit den weichen Zügen der Madonnen Peruginos und des Urbiners Raffael im runden, bäuerlichen Gesicht.

Gubbio, Perugia

Man sagt, Umbrien sei eine der letzten Regionen Italiens, in denen man sich weder vor Dieben noch vor Übervorteilung zu hüten habe. Unsere Erfahrung bestätigte das Ondit.

Laut Kalender war unser erster Reisetag der 15. Mai. Aber es war kalt und ungemütlich wie im November. Wir hatten die sorgsam bereitgelegten Kunst- und Reiseführer zu Hause vergessen und gingen daher wie Pioniere auf Entdeckungsfahrt. Aber eines hatten wir nicht vergessen: den Bericht über das merkwürdigste aller hiesigen Feste: die *Ceri* von Gubbio, die zu Ehren seines Schutzpatrons, dem Hubaldus, am 15. Mai stattfinden. So jagten wir von Umbertide auf einer schmalen, gewundenen Straße zwischen Hügeln und verlassenen Bauernhäusern Richtung Gubbio an der nordöstlichen Grenze Umbriens.

Nur einmal konnten wir nicht widerstehen anzuhalten. Rechts an der Straße liegt ein Liliputkloster, vor dem Ackerwagen anzeigen, daß dort nicht mehr Gebete, sondern Feldfrüchte abgeladen werden. In der winzigen, dunklen Kirche der ehemaligen Abtei Camporeggiano aus dem 9. Jahrhundert und vor den zugemauerten Portalen und Fenstern des einstigen Klostergebäudes hat man die Vision eines gestrengen Zwergabtes zwischen ganz kleinen Mönchen.

Von der steilen Straße aus öffnet sich plötzlich der Blick auf Gubbio, das fahl und kühn den Hang zum Monte Igino hinaufklettert. Aus der Nähe ist die Stadt ein Gebirge von eng ineinandergeschachtelten Häusern. Gubbios mittelalterliche Paläste sind aus Kalkblöcken oder verblaßten Ziegeln erbaut. Von weitem oder von oben betrachtet ist das Dächermeer aschfarben, als läge die Stadt in einer Wüste. Noch stärker als sonst in Umbrien fühlt man sich hier aus der Realität in ein fremdes, stilles Zeitalter versetzt.

Am 15. Mai jedoch brodelt es hier von Fahnen, Farben und Menschen. Zu Ehren des wundertätigen Franziskanerabtes Ubaldo aus dem 12. Jahrhundert werden die drei *Ceri,* zentnerschwere Holzpyramiden mit Heiligenstatuen zuoberst, auf Bahren durch die Stadt getragen. Die stärksten Männer wechseln sich dabei ab. Alle Einwohner und Tausende von Gästen aus der ländlichen Umgebung füllen die Straßen und Plätze, über denen die Heiligen bedrohlich einherschwanken. Am Abend setzen die kräftigsten der Träger zum mörderischen Endspurt an. Dann nämlich werden die

Ceri in atemlosem Lauf zum Wallfahrtsort auf dem Monte Igino hinaufgebracht. Ein normaler Fußgänger braucht dafür eine Stunde, die Ceri schaffen es in dreizehn Minuten. Gubbio ist dann von einem Taumel erfaßt, der wie beim Palio von Siena auf den Fremden fast beängstigend wirkt. Die beste Definition für diese an Massenhysterie grenzende Begeisterung fand ich bei dem Schriftsteller Guido Piovene: «Religiöses Gefühl und männliche Eitelkeit», so schreibt er, «schaffen einen Kollektivrausch, der die physischen Kräfte vervielfältigt.» Und dann erklärt er, warum auch die Kommunisten, die in Gubbio wie überall in Umbrien in der Mehrzahl sind, neben den Gläubigen unter der Last der Heiligen keuchen: mitzumachen gilt als Ehrensache, abseits zu stehen als ehrenrührig und unmännlich.

Am nächsten Tag hing die Stadt noch immer voll nasser Fahnen. Auf den abschüssigen Straßen übten Viergruppen von kleinen Buben mit Miniaturceri auf den Schultern für den großen Tag, an dem sie endlich mittragen dürfen.

Trotz eines römischen Theaters und anderer antiker Reste aus der Zeit Oktavians, trotz des Renaissancejuwels seines Palazzo Ducale, einer kleineren Kopie des berühmten Herzogspalasts von Urbino, herrscht in Gubbio unbestritten das Mittelalter. Der Palazzo dei Consoli aus dem 14. Jahrhundert ragt als ein Wahrzeichen über die Stadt. Neben römischen Sammlungen und einer Pinakothek birgt er einen Schatz aus der Vorgeschichte des Landes: die sieben *Tavole Eugubine,* vom Grünspan verfärbte Bronzetafeln mit liturgischen Texten der Umbrer. Zwei der Tafeln erklären in etruskischen Lettern und umbrischer Sprache, die anderen auf lateinisch religiöse Riten der noch wenig erforschten Urbewohner des Landes.

Wie kühn der Palast und der Platz vor ihm am abschüssigen Berghang geplant wurden, begreift man erst, wenn man unter ihnen die Bogengänge sieht, auf denen ihre Last ruht.

Nur eine Kirche, San Pietro, und eine Benediktinerabtei aus dem 8. Jahrhundert haben die Barbareneinfälle überstanden. Die meisten Kirchen Gubbios stammen wie die hohen, finsteren Häuser an seinen schönsten Straßen, der Via dei Consoli und der Via Baldassini, aus der Blütezeit des freien Stadtstaates im 12. und 13. Jahrhundert. Zu etwa derselben Zeit hat man wohl die *Porte dei Morti* (Totentüren) benutzt, die in vielen Städten Umbriens, am meisten aber in Gubbio, die Fremden verblüffen. Aus den kleinen Türen im ersten Stock sollen die Bahren der Toten direkt aus dem Schlafzimmer herabgelassen worden sein. Dann wurden die Türen vermauert. Vielleicht um dem Tod den Weg zu den trauernden Überlebenden zu versperren. Wie die mysteriösen Eugubinischen Tafeln, die lehren, wie man Feuer, Wasser und Unheil auf die Feinde beschwört, gehören die Totentüren zum Bild des düstern, großartigen Gubbio.

Burgen und Ruinen stehen auf den Hügeln zwischen Tabak- und Sonnenblumenfeldern auf dem Weg nach Perugia, das hoch über dem Tibertal auf seinem Hügel liegt.

Hauptstadt und mit fast 150000 Einwohnern bei weitem die größte Stadt Umbriens, ist Perugia in seiner lebendigen Weltoffenheit ein Unikum in diesem

Fortsetzung Seite 191

UMBRIEN

144

145

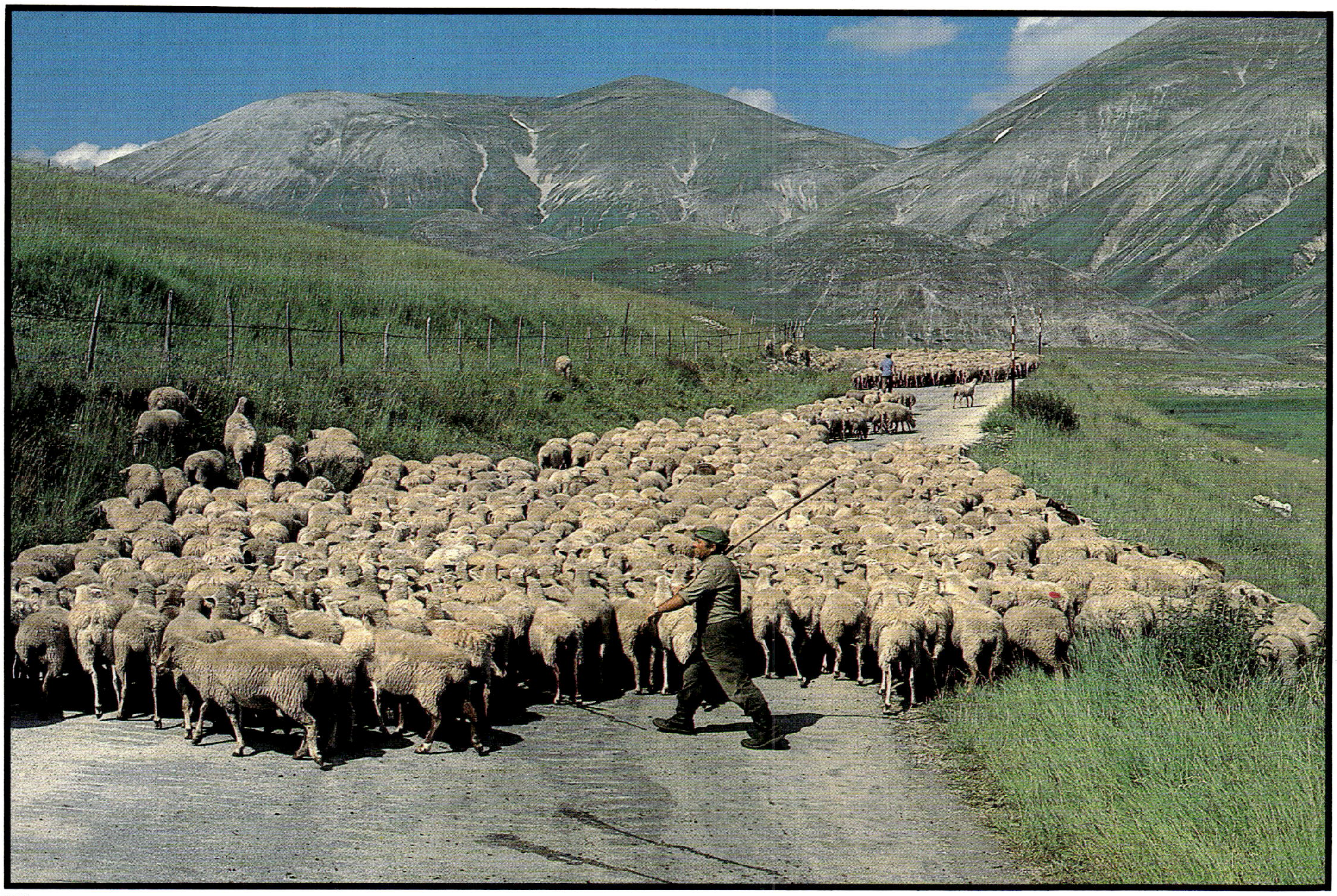

146

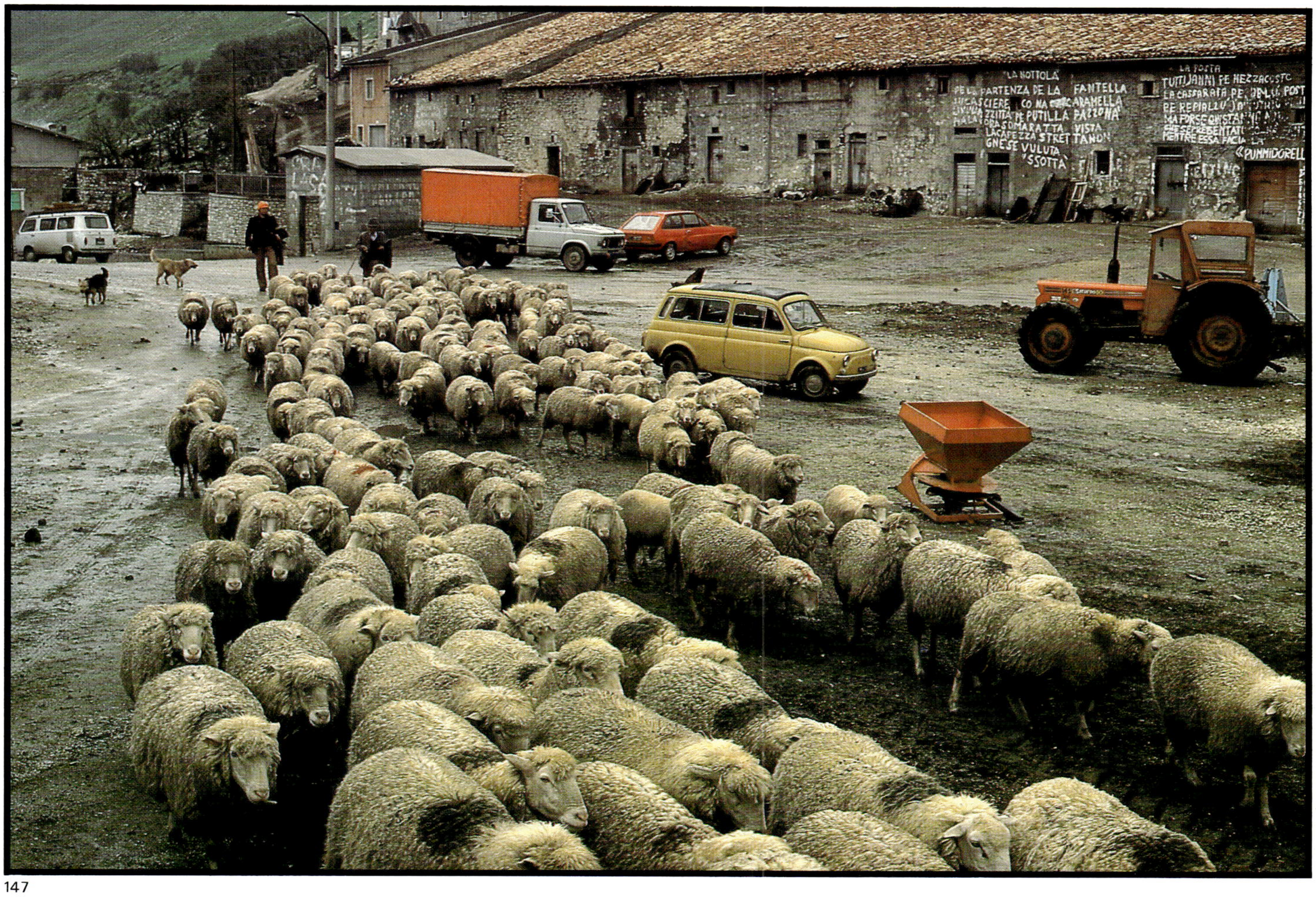

147

148

149

150

151

154

155

157

158

159

160

161

162

163

164

165

166

167

168

169 >

170

171

172

173

174

175

178

179

180

Land. Das liegt zum großen Teil an dem bunten Völker- und Rassengemisch der Studenten, welche die 1926 gegründete Ausländeruniversität hierherlockt – zumal seitdem Italien als einziges westeuropäisches Land ohne Studienbeschränkung zum Eldorado der Numerus-Clausus-Flüchtlinge wurde. Jeder Anwärter auf einen italienischen Studienplatz muß nämlich in Perugia ein Sprach- und Kulturexamen ablegen. Die buntscheckige Studentenschar übertönt fast die einheimischen Kommilitonen der im Jahre 1307 gegründeten Universität und gibt Perugia ein Flair der großen, weiten Welt, das man zwischen den mittelalterlichen Mauern umbrischer Städte sonst nur zur Festspielzeit in Spoleto findet. Denn im nahen Assisi blieb der franziskanische Geist der Stille trotz den Pilgerscharen stärker als die Welt.

Fast alle italienischen Regionen identifizieren sich mit ihrer Hauptstadt. In Umbrien aber fühlt sich auch noch das kleinste Nest autark und bewahrt stolz seine Traditionen. Jedes Kind lernt hier zwar in der Schule, daß Perugia, einst Festung des Kirchenstaates, der Umbrien bis zur Einigung Italiens im Jahre 1860 beherrscht hat, die historisch und künstlerisch wichtigste Stadt ist. Aber das ist für Menschen einer immer noch vorwiegend bäuerlichen Kultur kein Grund, sich von einer Stadt, in der sie nicht geboren wurden, repräsentiert zu fühlen.

Schon die beherrschende Hügellage weist Perugia als Etruskerstadt aus. Wie bedeutend sie bis in die Spätzeit (2. Jahrhundert v. Chr.) war, zeigen drei Grabkammern voller Aschenurnen, Statuetten und Reliefdarstellungen im Vorort Pallanzone: der *Ipogeo dei Volumni.*

Die Zeugen der römischen Vergangenheit sind 547 von den Ostgoten bis auf das Haupttor des alten Perugia, den Augustusbogen, zerstört worden. Aber nur der Oberbau mit der Aufschrift *«Augusta Perusia»* ist römisch, darunter blieben die Zyklopensteine eines Etruskertors.

Von der Terrasse am Ende der Hauptstraße, dem Corso Vanucci, blickt man weit über Umbrien wie von einem Balkon. Noch stärker als in anderen Hügelstädten ist in Perugia die Landschaft in das Stadtbild einbezogen. Felder, Hügel und Weite, die sich zwischen den Straßen auftun, tragen bukolische Sanftmut in die Strenge der Architektur.

Im monumentalen Zentrum der Stadt steht zwischen dem gotisch begonnenen, im 17. Jahrhundert umgebauten Dom und dem großartigen Stadtpalast einer der schönsten Brunnen Italiens. Wer weiß, warum die Dichter immer nur die römischen Brunnen besungen haben und die Fontana Maggiore vergaßen, die über zwei polygonalen Becken eine Bronzeschale trägt und mit Reliefs und Statuetten von Niccolò Pisano und seinem Sohn Giovanni verziert ist.

Im Archäologischen Museum neben dem Dom befinden sich hochinteressante etruskisch-römische und vorgeschichtliche Sammlungen.

Der Greif und der guelfische Löwe, die Wappentiere Perugias, über dem Hauptportal des Palazzo Comunale gegenüber, galten als die ersten vollplastischen Bronzegüsse des Mittelalters, bis man vor kurzem die Hypothese aufstellte, es seien etruskische Skulpturen.

Der 1293 begonnene Palast enthält Umbriens reiche Nationalgalerie. In der *Sala dei Priori* erzählen Fresken die wildbewegte Geschichte des mittelalterlichen Perugia.

Ein paar Schritte hinter dem Eingang zur Pinakothek liegt am Corso Vanucci das Collegio del Cambio, einst Sitz der Geldwechsler, den Perugino und seine Schüler, darunter der junge Raffael, um 1500 mit Fresken schmückten.

Zwischen einem vom Humanismus diktierten, höchst merkwürdigen Gemisch von Sibyllen und Propheten, Heilsgeschichte und antiken Helden, blickt Peruginos Selbstporträt von einem der Pfeiler.

Perugia hat viele bedeutende Kirchen. Die älteste, Sant' Angelo, ist ein Rundbau aus dem 6. Jahrhundert. Unter den zahlreichen Palästen sei hier nur der barocke Palazzo Gallengo Stuart neben dem Augustusbogen erwähnt, der die Ausländeruniversität beherbergt und im Sommer 1980 mit Protestparolen in aller Herren Sprachen beschmiert war.

Neben dem zweiten, wohlerhaltenen Etruskertor, der Porta Marzia, betritt man die Rocca Paolina. Das ist der Rest der Zwingburg, die Papst Paul III. aus dem Hause Farnese nach der Unterwerfung Perugias im Jahre 1540 von Antonio di Sangallo errichten ließ. Der riesige Festungsbau, begonnen über den geschleiften Häusern und Türmen der Tyrannenfamilie Baglioni, wurde 1860 zerstört. Erst 1932 fand man in den Archiven des Vatikans Sangallos Baupläne wieder und begann, den Schutt unter seinen hohen Gewölben fortzuräumen. Inzwischen hat man hier den schönsten mittelalterlichen Stadtteil Perugias freigelegt. Der unterirdische Spaziergang zwischen den Resten der etruskischen Mauer und den geköpften Häusern und Türmen ist faszinierend.

Wie alle alten Städte droht auch Perugia aus seinen Mauern zu bersten. So breiten sich nicht nur zu seinen Füßen neue Stadtteile und immer mehr Industriebetriebe aus, man erwägt auch ernstlich, die Altstadt für den Verkehr zu sperren und Fußgänger auf Rolltreppen den steilen Hügel heraufzubefördern. Was würde dann aus den Straßen mit den zärtlichen Namen, der Via Benedetta, der Via Graziosa, der Via Armonica, was aus der Würde und Schönheit, die in zweieinhalb Jahrtausenden wuchsen? Auch Umbrien kann sich den frenetischen Wandlungen der Zeit nicht verschließen. Man muß ihm nur wünschen, daß es ihnen behutsam folge.

Von Assisi bis Trevi

Der Blick auf den Monte Subasio, den weit hingelagerten, bis zu 1300 Metern ansteigenden Bergzug, an dessen Flanke Assisi und Spello liegen, zieht ins Tal zur heimlichen Hauptstadt Umbriens: nach Assisi.

Der Heilige Franziskus (1182–1226), vor und nach dessen Lebenszeit Assisi keine Rolle in der Geschichte gespielt hat, würde sich in der kleinen weißen Stadt am Berghang wohl auch heute zurechtfinden. Denn sie hat ihr Gesicht kaum verändert. Nur die riesige, drei Jahre nach seinem Tod begonnene Basilika San Francesco, Demonstration einer geistlichen Weltmacht, würde den Heiligen, der die Ehe mit Frau Armut einging, so befremden wie die Souvenirkitschstände und die Geschäftigkeit, mit denen Assisi Profit aus seiner Verehrung schlägt.

Ein festungsartiges Klostergebäude flankiert die zweistöckige Basilika. Grab- und Oberkirche konzentrieren wie kein anderer Sakralbau Italiens Meisterwerke der Kunst vom 13. bis zum 15. Jahrhundert.

Jeder gute Kunstführer informiert über die einzelnen Werke und vor allem über Giottos Zyklus in der Oberkirche, der in 28 Szenen das Leben des Heiligen Franziskus schildert. Sind sie vor oder nach den Fresken der Arenakapelle in Padua (um 1306) entstanden? Gewiß sind es die zartesten und lyrischsten Werke Giottos.

Die schlechterhaltenen Fresken über ihnen und zwischen den von hohen Bündelpfeilern getragenen Rippen der gotischen Wölbung stammen von unbekannten Meistern des 14. Jahrhunderts.

Im Querschiff und in der Apsis blieben nur Schemen von Cimabues Hauptwerk übrig. Sie sind von so dramatischer Schönheit, daß man über die geringen Chemiekenntnisse von Giottos Lehrmeister weinen könnte. Das Bleioxid in seinen Farben nämlich ließ sie schwarz werden, und die Darstellung der Kreuzigung und der Apokalypse, der Marien- und Petrusgeschichte sind nur noch zu erahnen.

Die Glasfenster im Chorraum werden französischen Meistern des 13. Jahrhunderts zugeschrieben.

Halbdunkel herrscht in der ganz mit Fresken ausgemalten und mit bunten Glasfenstern geschmückten gotischen Unterkirche und gibt ihr ein im Licht Italiens rares mystisches Gepräge.

Zwei Treppen führen vom Hauptschiff zur Krypta hinab, die, 1925 in neoklassischem Stil umgebaut, die 1818 wiederaufgefundene Steinurne mit den Gebeinen des Franziskus bewahrt. In den vier Nischen ringsum ruhen seine treuesten Gefährten.

Jedes Fresko wäre beschreibenswert, von der Martinslegende, 1317 von Simone Martini für die Kapelle des Sankt Martin gemalt, bis zu seinen fünf Heiligen im rechten Querschiff; von Cimabues Muttergottes zwischen vier Engeln zu Pietro Lorenzettis Maria, flankiert vom Evangelisten Johannes und von Franziskus im linken Querschiff; von den Bildern Giottos und seiner Schüler bis zu den Allegorien der Tugenden im Kreuzgewölbe (Vela), in denen der sogenannte Maestro delle Vele von den Grundpfeilern der franziskanischen Lehre erzählt: von Armut, Keuschheit und Gehorsam.

Auch Touristen, die schwatzend durch Kirchen zu hasten pflegen, um ihr Pflichtprogramm zu absolvieren, werden hier meist still und nehmen sich Zeit.

Nur Goethe, der profundeste Italienwerber deutscher Nation, notierte im Vorübereilen: «Die ungeheuren Subkonstruktionen der babylonisch übereinandergetürmten Kirchen, wo der Heilige Franziskus ruht, ließ ich links, mit Abneigung.» Für ihn, der in Italien die Antike suchte, hatte Assisi nur eine Attraktion: den Minervatempel an der nahen Piazza del Comune. Hinter seinen sechs korinthischen Säulen betritt man – o Weisheit der Kirche – Santa Maria sopra Minerva. «... und siehe, das löblichste Werk stand vor meinen Augen, das erste vollständige Denkmal der alten Zeit, das ich erblickte» (*Italienische Reise*). Die Reste des römischen Theaters (beim Dom), die römische Zisterne (vom linken Seitenschiff San Rufinos zu betreten) und die Ruinen des Amphitheaters (neben der Rocca Minore) sah Goethe nicht.

Im außen romanischen, innen im 16. Jahrhundert umgebauten Dom steht rechts vom Eingang das Taufbecken, in dem Franziskus, die Heilige Klara und Friedrich II. von Hohenstaufen getauft wurden. Von der Piazza del Comune mit den Palazzi del Podestà und dei Priori aus dem 13. Jahrhundert weitergehend, kommt man zur Kirche Santa Chiara. Dort wird das Kruzifix aus dem Kirchlein San Damiano aufbewahrt, das der Legende nach zu Franziskus sprach und ihn zum Glauben bekehrte.

Wer den Geist des Heiligen Franziskus ohne Pilger- und Touristengedränge sucht, fahre oder besser noch wandere von der Porta dei Capuccini vier Kilometer auf piniengesäumtem Weg zwischen Olivenhängen bis zur Einsiedelei delle Carceri im Steineichenwald. Kloster und Kirche erbaute Bernardino di Siena im 15. Jahrhundert. Grotte und Brunnen dienten schon Franziskus und seinen Gefährten.

Vom Gipfel des Subiaso, siebeneinhalb Kilometer von Assisi entfernt, hat man einen herrlichen Blick auf das Land.

In der Rocca, der mächtigen Festung über Assisi, hat Friedrich II. einige Kindheitsjahre verbracht.

Schon in alter Zeit lebten Einsiedler in den Grotten am Hang des Monte Subiaso. Noch heute gibt es Menschen, die hier in verlassenen Höfen und Einsiedeleien Kontemplation suchen.

Von Assisi herabfahrend, sollte man sich von der modernen Fassade der Wallfahrtskirche Santa Maria degli Angeli nicht abhalten lassen, ihr Inneres zu besuchen. 1569 von dem Architekten Vignola begonnen, wölbt sich die Riesenkirche über der von Kerzen und Weihrauch der Jahrhunderte schwarz gewordenen *Porziuncula*. Das ist eine Einsiedlerkapelle aus dem 4. Jahrhundert, in der Franziskus oft gebetet hat. Das Fresko über dem Eingang malte 1830 der deutsche Nazarener Friedrich Overbeck. Neben dem fast spielzeugartig anmutenden Heiligtum betritt man das Miniaturkloster und die Grotte, in die der sterbende Franziskus sich von Cortona über die Berge tragen ließ, um «Schwester Tod», *la morte,* zu begegnen.

Wenige Kilometer südlich, auf dem Weg nach Foligno, liegt rechts am Berghang Spello, die Römerstadt Hispellum. Aus republikanischer Zeit stammt die Porta Consolara, aus augusteischer Zeit stammt die Porta Venere, flankiert von achteckigen römischen Türmen. Sie blickt auf die Reste des Amphitheaters herab.

In der gotischen Kirche Santa Maria Maggiore, im kleinen Museum daneben und in der Kirche Sant' Andrea sind anmutige Fresken des Pinturicchio, der neben Perugino der bedeutendste Maler Umbriens ist. In der Nähe Folignos liegt Bevagna, das antike Mevania.

Von der Römerstadt blieben Reste eines Tempels, eines Hauses (Via Garibaldi), und einer Therme mit schönem Mosaikfußboden. Auch die Stadtmauer steht auf römischen Fundamenten. Im Herzen des verschlafenen Städtchens aber stehen sich zwei Juwele romanischer Baukunst gegenüber. Rechts San Michele, dessen Rosette leider im Übereifer der Restaurierung mit einer Glaswand verschandelt wurde. Links San Silvestro. Daneben der wuchtige Stadtpalast.

Zehn Kilometer von Bevagna entfernt liegt auf einem Hügel mit weitem Blick über Tal und Berge das Städtchen Montefalco, das wohl einen Weltrekord hält: hier wurden acht Heilige geboren. In seinen vier Kirchen sind schöne Renaissancefresken, darunter Benozzo Gozzolis Wandbilder in San Francesco.

Zu den Merkwürdigkeiten dieser stillen, kleinen Stadt gehört die Kirche Sant' Agostino, in der ein seliggesprochener Wanderer als Mumie kniet.

Foligno, die einzige große umbrische Stadt, die ganz in der Ebene liegt, wurde im letzten Weltkrieg schwer bombardiert. Außer dem romanischen Portal und der Nebenfassade des spätbarock umgebauten Doms, dem Palast der einstigen Herrscherfamilie Trinci und dem hier untergebrachten Archäologischen Museum, der Pinakothek sowie den Kirchen Santa Maria Infraportas und San Niccolò hat Foligno dem kunstliebenden Reisenden wenig zu bieten.

Um so mehr lohnt sich auf der Weiterfahrt durch das breite, fruchtbare Topinotal, in dem Sonnenblumen und Tabak immer öfter Industrien Platz machen müssen, ein Abstecher nach Trevi – der Kirchen und Paläste der alten Römerstadt und ihrer friedlichen Atmosphäre wegen. Vor allem aber, weil Trevi, von Olivenhängen wie von silbrigen Wellen umgeben, weit über das Tal, die Dörfer und Burgen bis zu dem Gebirge im Südosten schaut.

Auf der Straße nach Spoleto weiterfahrend, sieht man rechts über dem Flüßchen Clitumno den *Tempietto di Clitumno*. Aus den Steinen eines römischen Heiligtums für den Quellgott Clitumno erbaute man hier im 4. oder 5. Jahrhundert das Kirchlein San Salvatore, das hochinteressante Freskenreste aus dem 8. Jahrhundert enthält.

Ein Kilometer weiter südlich ist die Quelle des Clitumno, die Properz, Vergil, Byron und Carducci besungen und damit zum Schrecken italienischer Schulkinder gemacht haben, die ihre Verse lernen müssen.

Auch Corot hat sie gemalt. Musikboxen und Wettangeln in Forellenteichen neben dem klaren Quellsee unter Trauerweiden machen es heute allerdings schwer, den idyllischen Zauber dieses Ortes zu genießen.

Dreitausend Jahre Spoleto

Über banalen Neubauten im Tal taucht bald das dreitausendjährige Spoleto vor unsern Blicken auf. Überragt von der Rocca Papale, der päpstlichen Festung, die bisher wie viele der schönsten Burgen Italiens als Gefängnis dient, ist diese zweitgrößte Stadt Umbriens eine der schönsten im Lande. Von mittelalterlichen Mauern zwischen Resten der römischen und Zyklopensteinen aus umbrischer Zeit umgeben, erzählt Spoleto von seiner wechselvollen Vergangenheit.

Aus der Römerzeit blieben nur ein Tor, der Drususbogen, ein vom Erdbeben freigelegtes weiträumiges antikes Haus und das Amphitheater erhalten. Wie viele der

Paläste und Kirchen, die zum Teil aus antiken Bautrümmern errichtet wurden, verdankt auch das Theater seine Restaurierung dem *Festival Zweier Welten*, das der Komponist Giancarlo Menotti hier 1957 ins Leben rief. Das hat das stille Spoleto weltberühmt gemacht und füllt es jeden Sommer mit Gästen, die wie verzaubert im Duft der Linden durch die steilen, engen Straßen der Herzogstadt wandern.

Unter den vielen sehenswerten Kirchen ist der romanische Dom zu Füßen der Rocca die schönste. Neben Pinturicchios Fresken in der ersten Kapelle des rechten Seitenschiffs enthält der Chor das letzte und wohl schönste Werk des Filippo Lippi: ein Marienleben in umbrischer Landschaft am Ufer des Tiber.

Rechts vom Renaissanceportikus über dem romanischen Portal des Doms bezeugt das kleine Logentheater Caio Melissus aus dem 18. Jahrhundert die Musikpassion Spoletos, die nicht erst Menotti erfunden hat.

Hier sollte man Zeit zum Schlendern und einen guten Führer haben, um Spoletos Kirchen und Paläste, den Charme seiner halsbrecherischen Gassen und nicht zuletzt seiner Boutiquen zu entdecken, die das Festival wie Pilze in dunklen Handwerkerhöhlen sprießen ließ.

Von der romanischen Kirche San Gregorio Magno im Norden der Altstadt und dem nahen römischen Ponte Sanguinario aus erreicht man zu Fuß in etwa zwanzig Minuten eines der wenigen Gebäude, die Barbarossas Feuersturm überstanden haben: die Basilika San Salvatore mit einer Fassade aus dem 4. Jahrhundert und antiken Säulen im Langschiff.

Gleich nach der ersten Kurve bergab in Richtung Norcia lädt die romanische Fassade von San Pietro über einer hohen Treppe zum Verweilen ein. Reliefs mit christlichen und Fabelmotiven schmücken sie unter einer prachtvollen Rosette. Römische Grabsteine wurden in ihr vermauert. Wo blieb die Pietà?

Mit dem Blick auf den 80 Meter hohen Ponte delle Torri, der in zehn Bögen das Tal des Tessino überspannt, fährt man nach Monteluco. In weiten Kurven führt die Straße zu dem Wallfahrtsort im größten Steineichenwald Italiens empor, ein Märchenwald, durch dessen hohe Wipfel das Licht in Tropfen fällt und den Boden geheimnisvoll schimmern läßt. Auf halbem Wege steht einsam auf einer Lichtung die romanische Kirche San Giuliano. Ihre Mauern sind geborsten, ihre Fresken verblaßt.

Der Monteluco war schon den Umbrern und den Römern heilig. Seit dem 6. Jahrhundert hausten hier aus dem Orient geflüchtete Anachoreten in Grotten. Hier oben gründete Franziskus eines seiner ersten Klöster. Nur tief gebückt kann man seine hölzernen Zellen betreten, die für Zwerge erbaut zu sein scheinen.

Norcia und Europas Schutzpatron

Das Nerinatal, das nach Norcia führt, ist tief zerklüftet, fast unbesiedelt und mehr Schlucht als Tal. Im Neraflüßchen huschen Forellen. Manchmal taucht auf den buschbewachsenen Hängen ein Hirte mit seiner Schafherde oder mit Schweinen auf, die dunkel und flink wie Wildschweine sind und weiterum geschätzte Schinken und Salami liefern.

Erst wo das Tal sich weitet und den Blick auf die düsteren Sibillinischen Berge freigibt, stehen vereinzelte Höfe und Weiler. Die meisten von ihnen zerstörte das Erdbeben von 1978. Ihre Bewohner leben in Zelten und Baracken.

Eichenwälder, in denen schwarze Trüffeln wachsen, der einzige Reichtum in dieser armen Gegend, umgeben Norcia. Auch vor dem Erdbeben hatte die kleine Stadt am Rand der großen Einsamkeit nicht viel mehr zu bieten als ihre Weltentrücktheit und die Würde, die der Heilige Benedikt ihr gab.

Das Schloß im Zentrum, erbaut von dem Renaissancearchitekten Vignola, die Basilika und fast alle Häuser haben tiefe Risse.

Über dem Haus auf römischen Grundfesten, in dem am 14. August des Jahres 480 Benedikt und seine Zwillingsschwester Scholastika geboren wurden, hat man die Basilika errichtet. Ihre Altäre sind leer wie die Bilderrahmen an den Wänden. Man hat alle Kunstwerke in Sicherheit gebracht, aus Angst vor neuen Beben.

Diese Stadt vor der majestätischen Kulisse von Hochtälern und Bergen, deren Sohn Benedikt als Begründer des Mönchstums zu einem der Schöpfer des christlichen Abendlandes wurde, das kleine Norcia mit seinen wortkargen Bewohnern in altmodischen Samtanzügen, begleitete uns noch lange in der Erinnerung.

Wir kehrten auf derselben Straße zurück, weil der Pilgerrummel um die Heilige Rita in Cascia uns schreckte. Nach einem letzten Blick auf Spoleto geht die Fahrt durch malerisches Hügelland nach Terni, dem Geburtsort des Tacitus.

Umbriens einzige Industriestadt liegt zwischen Seen, Flüssen und Wasserfällen. Dem Wasserreichtum verdankt sie das mildeste Klima der Provinz und die schon 1875 begonnene Industrialisierung.

Kunstfreunde pflegen einen Bogen um Terni zu machen, das im letzten Krieg schwer bombardiert wurde. Dabei lohnen unter seinen verbliebenen Monumenten wenigstens zwei einen Besuch: die vermutlich über einem Tempel erbaute Rundkirche San Salvatore aus dem 5. Jahrhundert und der romanische, im 17. Jahrhundert von Bernini umgebaute Dom.

Die Provinzstraße 209 führt in kühnen Serpentinen über dem wildromantischen Neratal nach Marmore und zu seinem Wasserfall *Le Cascate delle Marmore*.

Im Jahre 271 v. Chr. ließ ein römischer Konsul den Velinafluß, der alljährlich weite Landstriche überschwemmte und versumpfte, in die Nera umleiten. Über eine 160 Meter hohe Felswand stürzt das Wasser herab. Von einem Tempelchen mit der Aufschrift *«Velini lapsus in subiectum Narem»* aus kann man an Sonn- und Feiertagen das Spektakel des tosenden Wassers betrachten und die Regenbogenfarben des Lichts, das sich in ihm bricht. An allen anderen Tagen läuft nur ein dünnes Rinnsal über den Fels, der wie von einer Unterwasserflora bedeckt ist. Der Fluß hat dann Dienst: er muß Strom erzeugen.

Auch der nahe Piedilucosee dient der Elektrizitätsgewinnung. Trotzdem ist er sehr malerisch. Ein Fischer erzählte uns, daß die Fischbrut stirbt und die Ottern, die es

Fortsetzung Seite 217

UMBRIEN

188

190

191

193

194

195

hier in Scharen gab, ausgewandert sind. Aber noch leben Stachelschweine und Wild-katzen in den Bergwäldern. Einige Tage zuvor hatten sibirische Wölfe, in den Bergen Latiums ausgesetzt, unweit des Sees weidende Pferde gerissen.

Etwa zwölf Kilometer weiter erreicht man am Hang des Monte Solenne die Abtei San Pietro in Valle, die der Herzog von Spoleto um das Jahr 700 gegründet hat. Ihre einschiffige Kirche enthält romanische Sarkophage und eindrucksvolle, leider sehr verblaßte frühe Fresken.

Die Erinnerung an Corots *Brücke von Narni* – ein römischer Bogen über gelbem Fluß vor den umbrischen Bergen und die malerische Silhouette der Stadt über dem Neratal – lockten uns nach Narni herauf. So also sieht eine Stadt aus, die im 16. Jahr-hundert, verwüstet von Karls V. Landsknechten, einschlief und seitdem vor sich hin-dämmert. Grau, verwittert, und düster sind die Paläste, Kirchen und der romanische Dom. Der römische Kaiser Nerva wurde hier geboren und der Feldherr Gatamelata, dessen Reiterstandbild von Donatello in Padua steht. Eine verfallene Burg krönt den Hügel. Alte Männer hocken vor den Cafés und murmeln zahnlos von alten Zeiten.

Achtzehn Kilometer von Narni entfernt liegen im Südzipfel Umbriens die Reste der Römerstadt Ocriculum.

Noch viel beeindruckender ist das Skelett der römischen Stadt Carsulae (bei dem Bad San Gemini an der Straße nach Todi), das ganz verlassen in einsamem Wiesen-land liegt.

Von der Schnellstraße Terni–Perugia zweigt bei Convalenza der Weg nach Todi ab. Über Reben, Oliven und Kornfeldern thronen echte Burgen und einige alte Festungsdörfer auf ihren Hügeln. Der Tiber windet sich um das hochgelegene Todi, das Brückenkopf der Umbrer, dann der Etrusker war, bevor die Römer es dem Kriegs-gott Mars weihten.

Todi erlebte das Schicksal aller umbrischen Städte: Aus der freien Guelfenstadt würde ein bedeutungsloser Vasall des Kirchenstaates.

Die Wallfahrtskirche Santa Maria della Consolazione, nach einem Plan Bramantes zu Füßen Todis erbaut, stimmt auf die kühle Klarheit der Renaissance ein, nicht auf das heile Mittelalter, das uns auf der Piazza del Popolo im Herzen des Ortes erwartet. Der Platz ist wie ein römisches Forum angelegt. An der Stelle des erhöhten Tempels steht über einer Freitreppe der romanische Dom. Ihm gegenüber wird die Trecento-strenge des Palazzo dei Priori von zwei Reihen eleganter Renaissancefenster unterbro-chen. Im Osten des Platzes verbindet eine Treppe den Palazzo del Popolo mit dem des Capitano. Das ergibt eine Komposition, die ein genialer Bühnenbildner erdacht haben könnte.

Im Archäologischen Museum des Palazzo del Capitano überstrahlt die Kopie der bronzenen Marsstatue (Vatikanmuseum) alle anderen Funde.

An der malerischen Piazza della Repubblica steht die gotische Hallenkirche San Fortunato mit schönen Fresken und – in der Krypta – dem Grab des Jacopone da Todi (1230–1306). Er war der erste geistliche Dichter des Landes. Seine *Laudi* genannten geistlichen Gesänge und sein *Stabat Mater* trugen den Namen seiner Stadt durch die ganze christliche Welt, obgleich Papst Bonifaz VIII. Jacopone da Todi als «Skandal der Kirche» hatte einsperren lassen.

Ein kurzer Spaziergang führt von der Porta Romana zur Kirche Santa Maria della Consolazione, einem Zentralbau von höchster Eleganz und Harmonie, den vermutlich Bramante errichtet hat.

Von Todi bringt uns ein landschaftlich reizvoller Weg nach Orvieto. Nach der Fahrt durch grünes Hügelland taucht die Stadt wie eine Vision über der Ebene auf.

SOS für Orvieto

Die Goldmosaiken auf der Fassade des Marmordoms blitzen im Licht, als funkten sie SOS.

Orvieto ist in Gefahr. Sein senkrecht abfallender Tuffsockel bröckelt und schürt die Angst, die Stadt könne beim nächsten Wolkenbruch in die Reben zu ihren Füßen hinabrutschen.

Orvieto (von *urbs vetus* – «Alte Stadt») war vielleicht das Heiligtum aller etruskischen Stämme, das *Fanum Voltumnae*.

Gewundene Gassen, gesäumt von Palästen, führen zur Piazza del Duomo. Der gotische Dom wurde im Jahre 1290 zu Ehren der Reliquie des Wunders von Bolsena begonnen. Ein böhmischer Priester auf dem Weg nach Rom hatte in Bolsena eine Messe zelebriert, ohne an die Transformation zu glauben. Da tropfte Blut aus der Hostie auf sein Meßgewand. Das blutige Leinen wird in einem kostbaren Reliquar im Dom aufbewahrt. Zu seinen Ehren dekretierte Papst Urban IV. 1264 das Fronleichnamsfest.

Unter den bedeutenden Kunstwerken und Fresken des Doms ist Signorellis Zyklus vom Jüngsten Gericht das berühmteste (1499–1504). Es heißt, Michelangelo habe es lange studiert, bevor er die Decke der Sixtinischen Kapelle malte.

Die Domfassade, mit Mosaiken und Skulpturen geschmückt, ist wie ein dreiteiliges Altarbild konstruiert.

Der Papstpalast aus dem 14. Jahrhundert neben dem Dom, das Archäologische Museum gegenüber, die romanischen Kirchen und die Renaissancepaläste, der 60 Meter tiefe Patriziusbrunnen, den Papst Klemens VII. von Sangallo so erbauen ließ, daß auch Esel die 248 Stufen hinabsteigen können, und nicht zuletzt der köstliche Weißwein belohnen den Besucher, der die Autostrada del Sole verläßt.

In nördlicher Richtung weiterfahrend, biegt man nach Città della Pieve ab, dem Geburtsort des Pietro Vanucci, genannt Perugino. Unter seinen vielen Bildern, die hier aufbewahrt sind, ist das schönste ein idyllisches Fresko der Epiphanie im Oratorium von Santa Maria dei Bianchi.

Auf dem Weg zum Trasimenischen See lockte uns das Ortsschild «Panicale» zu einem Abstecher. Das ist ein malerisches Bergnest mit einer dunklen Kirche und einem vermauerten Palast, vor dem sich ein weites Panorama auftut. Ob Masolino di Panicale, der Frührenaissancemaler, hier oder, wie Vasari behauptet, im Elsatal in der Toskana geboren wurde, ist nicht geklärt. Sicher ist, daß Panicale eine der schönsten Fresken von Perugino besitzt; das *Martyrium des Heiligen Sebastian* in der Kirche San Sebastiano. Schön und lässig wie Apoll lehnt der Heilige an einem Pfahl vor dem blauverschwimmenden Trasimenischen See und wird von tanzenden Bogenschützen mit Pfeilen gespickt.

Der Trasimenische See ist 294 Quadratkilometer groß und nur acht Meter tief. Je nach Tages- und Jahreszeit und nach dem Ufer, von dem man ihn überblickt, wandelt sich sein Gesicht. Im Süden ist er so von Schilf bewachsen, das Licht an klaren Tagen so blendend, daß man die drei kleinen Inseln und das Nordufer kaum erspähen kann. Burgruinen, alte Kirchen und zum Teil verlassene Dörfer auf den bewaldeten Hügeln am Süd- und Ostufer prägen die überaus reizvolle Umgebung des Sees. Das Verwandlungsschauspiel des Lichts bei Sonnenauf- und -untergang verzaubert seinen Spiegel und alle Konturen. Die Erinnerung an die Vernichtung der Legionen des Konsuls Caio Flaminio durch den Karthager Hannibal im Jahre 217 v. Chr. lebt in den Ortsnamen Sanguineto und Ossaia sowie in Knochenresten fort, die immer noch beim Pflügen aus der Erde tauchen.

In Magione, wenige Kilometer östlich des Sees, steht eine viertürmige Burg der Malteser, Lieblingslandsitz des Oberhauptes des immer noch souveränen Ritterordens. Die Burg soll mit ihren Erinnerungsstücken für Besucher geöffnet werden, wenn seine Hoheit, der Bailli, samt Hofstaat gerade nicht in Magione residiert.

Mit diesem anachronistischen Stück abendländischer Vergangenheit über einer Farborgie der untergehenden Sonne am Trasimenischen See endete unsere Reise durch Umbrien.

War dieses Land der sanften Schönheit und wilden Romantik uns nicht wie ein einziger Anachronismus erschienen, weil es die Vergangenheit nicht nur in seinen Bauten so lebendig erhalten hat?

Lange Zeit fast vergessen zwischen den Problemen von Nord und Süd, immer im Schatten der berühmten Toskana gelegen, ist auch Umbrien dem Disput zwischen harmonisch Gewachsenem und den Ansprüchen unserer Zeit nicht entgangen. Man begegnet ihm immer wieder, und oft sprengt er den schönen, alten Rahmen, in dem auch die Armut noch klösterliche Würde besitzt. In der Erinnerung aber bleiben die archaische Grazie dieses Landes und die gelassene Freundlichkeit seiner Bewohner, die dem goldenen Kalb des 20. Jahrhunderts, der Befriedigung materieller Bedürfnisse, noch keinen Altar errichtet haben.

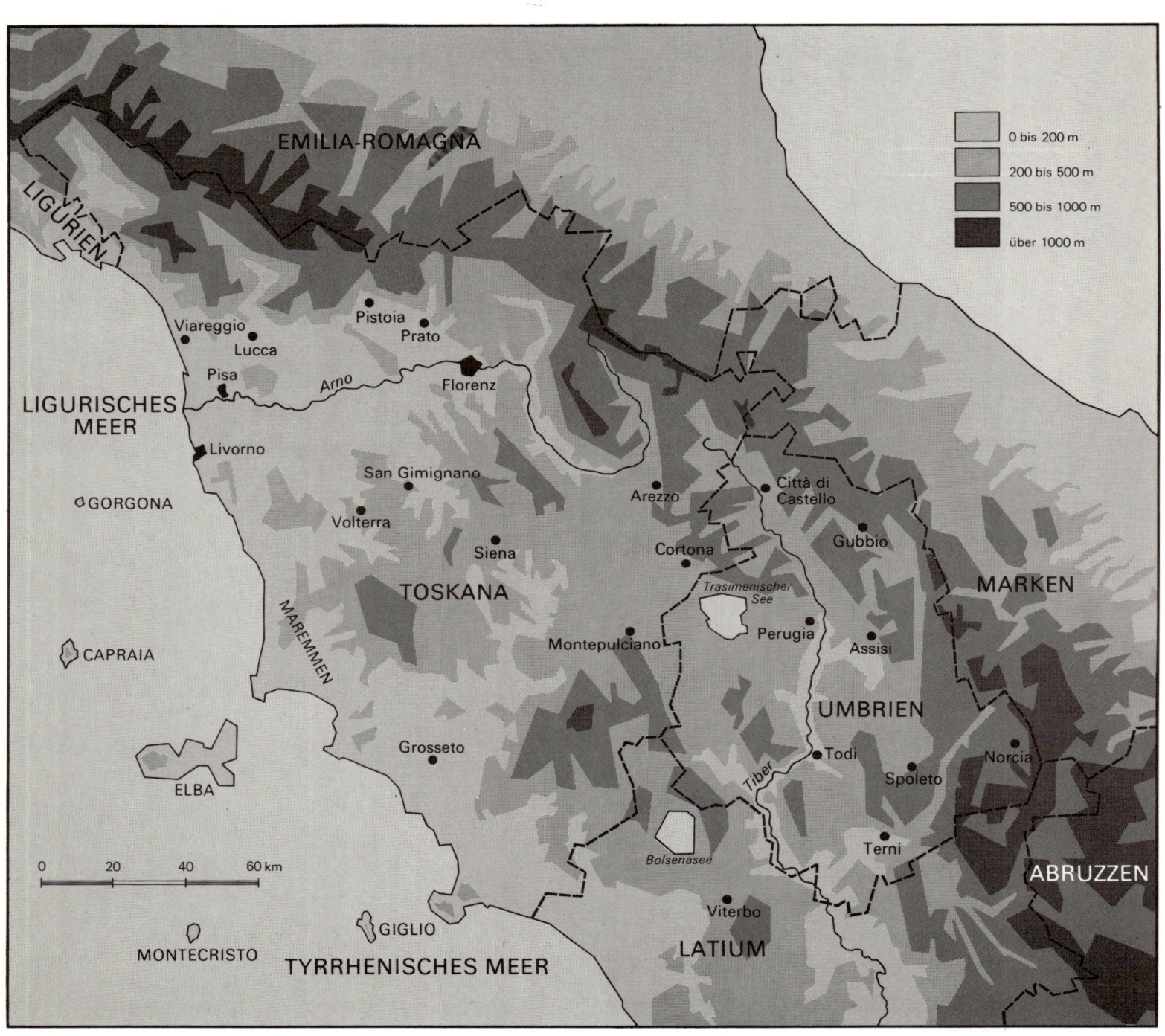

EMILIA-ROMAGNA

LIGURIEN

Viareggio
Pistoia
Lucca
Prato
Pisa
Arno
Florenz

LIGURISCHES
MEER

Livorno

GORGONA

San Gimignano

Città di
Castello

Arezzo

Volterra

Cortona

Gubbio

CAPRAIA

Siena

Trasimenischer
See

MARKEN

TOSKANA

MAREMMEN

Montepulciano

Perugia

Assisi

UMBRIEN

Grosseto

Todi

Norcia

ELBA

Spoleto

Tiber

Terni

ABRUZZEN

0   20   40   60 km

Bolsenasee

Viterbo

GIGLIO

LATIUM

MONTECRISTO

TYRRHENISCHES MEER

0 bis 200 m

200 bis 500 m

500 bis 1000 m

über 1000 m

Register

Abbadia San Salvatore 59
Absolutismus 27
Adria 80
ager gallicus 80
Agrarreform 30, 58 f.
Ägypten 8, 31
Alarich, König der Westgoten 81
Albizzi, Geschlecht der 27
Alboin, Herzog von Spoleto 83
Albornoz, Gil Alvarez, Kardinal 85
Alexander III., Papst 23
Amelia 80
Anachoreten 196
Ancona 82
Angelico, Beato (Fra Angelico) 87, 125
Antike, Zeugen der 121, 131 193 f.
Antonius, L., römischer Konsul 80
Antonius, Marcus, römischer Staatsmann 80
Apennin 8 ff., 78, 145, 159, 161
Appiami, Geschlecht der 28
Apuanische Alpen 110, 131, 145
Aquileia 8
Archivio Storico Italiano 55
Aretino 110
Aretino, Pietro 159
Arezzo 7 f., 10, 12, 25, 29, 31, 34, 59, 110 f., 121
Arno 6, 8 f., 57, 110, 123 f., 128, 147, 150, 160, 162
Asciano 34
Assisi 80 f., 85, 87, 107, 159, 162, 166, 191 ff., 198
Asso 149
Atti, Geschlecht der 86
Augustus, römischer Kaiser 8, 80, 109
Aufklärung 29
Aurelia, Via 7, 10, 132

Bacciocchi-Bonaparte, Elisa, Großherzogin von Toskana 31
Baglioni, Geschlecht der 86, 192
Balbo, Cesare, Graf 55
Balearen 23
Bankwesen 11, 23 f., 34, 130
Baratti, Golf von 111
Barbino, Pietro 128
Barga 131
Barock 147
Bella, Giano della 24
Benedikt von Nursia, Heiliger 81, 162, 166, 197
Benediktiner 12
Benevento 82
Bergbau 59, 144 f., 150

Bernhardin von Siena, Heiliger 198
Bernini, Lorenzo 147, 197
Besiedelung 110, 162
Bevagna 80, 194 f.
Bevölkerung 8, 56, 105, 110
Bianchi-Bandinelli, Ranuccio 26
Bibiena 160
Boccaccio, Giovanni 26, 145
Boccherini, Luigi 130
Bologna 6, 55
Bolsena 8
Bonifaz VIII., Papst 218
Borromeo, Geschlecht der 130
Botticelli, Sandro 129
Bourbonen, spanische 31, 33
Bramante (d'Angelo, Donato) 217 f.
Brienne, G. von, Herzog von Athen 24
Brunelleschi, Filippo 26, 88, 124, 126 f.
Buonconvento 146
Buoninsegnas, Duccio di 148
Buontalenti, Bernardo 124, 130
Buranosee 143
Burlamacchi, Francesco 25
Byron, George Gordon Noel, Lord 195
Byzantinisch-gotischer Krieg 81
Byzanz 9 f., 81 ff., 146

Calci, Kartause von 147
Camaiano, Tino di 146
Camaldeli 12, 159
Camaldoleser 12, 159
Cambio, Adolfo di 128
Cambio, Arnolfo da 87, 126
Camporeggiano, Abtei 164
Canossa 12, 121
Capalbio 143
Capponi, Guio 55
Capraia 110
Carboneria 55
Carceri, Eremo delle 194, 198
Carducci, Giosuè 195
Caretto, Ilaria di 130
Carrara 121
Carrara, Steinbrüche von 59, 131, 146, 150
Carsulae 80, 84, 217
Cäsar, Gajus Julius 80
Cascia 107, 197
Casentino 23, 25, 31, 160
Cassia, Via 7, 10
Castagno, Andrea del 129
Castello di Civitella Ranieri 163
Castelluccio 4, 166
Castelnuovo Abate 122
Catilina, Lucius Sergius 8
Cellini, Benvenuto 128
Certaldo 145 f.
Cerveteri 7, 111
Chiana 160
Chianti 25, 110
Chianti, Strada del 111
Chiusi 7 f., 111, 159
Christianisierung 8, 81
Cimabue 87, 127, 159, 193
Cimento, Akademie 29
Ciompi, Aufstand der 24
Cione, Nardo di 127
Cisapaß 110

Città della Pieve 87, 218
Città di Castello 81, 85 f., 160, 163, 198
Clitumno 195
Cluny 122
Collepino 166
Colline Metallifere 145
Como, Guido da 130
Confaloniere 27
Convalenza 217
Convento delle Celle 159
Corot, Camille 195, 217
Corsignano 159
Cortona 7, 111, 159 f., 194
Cortona, Piero di 159
Cosa 8, 121
Cyme 6

Dante Alighieri 26, 126 f., 146, 160
Decio (Decius, Publius) 79
Dienstleistungssektor 56, 107
Diokletian, Gajus Aurelius Valerius 8, 80, 109
Dominikaner 127
Donatello (Bardi, Donato di Niccolò di Betto) 126 f., 129, 217
Dumas, Alexandre 143
Durazzo, Ladislao 86

Egubinische Tafeln 79, 165
Einigung Italiens 26, 32, 87, 107
Elba 28, 31, 33, 59, 62, 110, 121, 143 ff., 150
Eleonore von Toledo 28
Emilien 7, 12
Empoli 130
ENI (Ente Nazionale Idrocarburi) 59
Entwicklungsplan 108
Erbfolgekriege 29
Etrurien, Reich 31
Etrurien, 7. römische Region, 6 ff., 80, 109
Etrusker 6, 62, 78 f., 109, 111 f., 124, 144 f., 159 f., 162, 191, 198, 217

Fano 80
Farnese, Pier Luigi 86
Ferdinand III. von Habsburg-Lothringen, Großherzog der Toskana 30 f., 33 f.
Ferdinand IV. von Österreich und Este, Herzog von Modena und Massa Carrara 33
Ferrara 123
Feudalismus 8, 10 f., 23, 82
Fiesole 7 f., 12, 121, 124
Flaminia, Via 7, 10, 80
Flaminio, Caio, römischer Konsul 219
Florenz 7 f., 10 ff., 23 ff., 56, 59, 110 f., 112, 122 ff., 145, 147, 150, 163
– Dom 27, 88, 112, 122 ff., 126
– Museen 29, 31, 111, 124 ff.
– Piazza della Signoria 88, 123, 125
– Ponte Vecchio 88, 112, 128
– Universität 58
Florenz, Autonomie von 24 f.
Florenz, Union von 123, 125
Florin, goldener 23
Foligno 81, 85 f., 107, 194 f.
Follonica 132
Forte dei Marmi 132, 150
Francesca, Piero della 159 f., 163

Kursive Ziffern verweisen auf Bildlegendenseiten.

Literaturhinweis

BARBIERI, GIUSEPPE: Toscana. Turin 1964.

BIFFOLI, GUIDO: Unbekannte Toskana. Würzburg 1980.

EGLI, EMIL u.a.: Toscana. Ein Reisebuch. Zürich 1954.

ENGLER, GÜNTER: Toscana. Hallwag Reisebibliothek. Bern 1977.

GUADAGNA, INGEBORG: Mittelitalien, Toskana-Umbrien. Kohlhammer Kunst- und Reiseführer. Stuttgart 1975.

GUIDA D'ITALIA: Toscana. Touring Club Italiano. Mailand 1977.

GUIDA D'ITALIA: Umbria. Touring Club Italiano. Mailand 1977.

HALE, JOHN R.: Die Medici und Florenz. Die Kunst der Macht. Stuttgart 1979.

HEILMANN, MY: Florenz und die Medici. DuMont Kunst-Reiseführer. Köln 1979.

HESS, ROBERT; PASCHINGER, ELFRIEDE: Das etruskische Italien. DuMont Kunst-Reiseführer. Köln 1980.

JOB, JAKOB: Umbrien und Toskana. Landschafts- und Städtebilder. Erlenbach-Zürich 1964.

KARLINGER, FELIX: Italienische Volksmärchen. Düsseldorf 1973.

KOMPASS ITALIA: Informationswerk der italienischen Wirtschaft. Mailand 1979.

LANDUCCI, LUCA: Florentinisches Tagebuch (1450–1542). Florenz und die Toskana in der Renaissance. Düsseldorf 1978.

MERIAN: Toskana. Hamburg 1980.

MERISIO, PEPI: Toscana. Freiburg 1977.

PETERICH, ECKART: Italien. Band 1. Prestel-Reiseführer. München 1976.

PIERACCIONI, LUIGI: Le aree socio-economiche in Italia. Mailand 1975.

RECLAMS KUNSTFÜHRER: Florenz und Fiesole. Stuttgart 1975.

SORRANTE, GIUSEPPE: Regione industria, territorio; la politica industriale attuata dalle Regioni nel corso della prima legislatura. Mailand 1977.

SPRENGER, MAJA; BARTOLONI, GILDA: Die Etrusker. München 1977.

UTZINGER, ERNST: Wanderungen zu den historischen Hügelstädten und in der Landschaft der Toscana und Umbriens. Zürich 1961.

WACHMEIER, GÜNTER VON: Florenz. München 1979.

ZIMMERMANN, KLAUS: Toskana. Das Hügelland und die historischen Stadtzentren. DuMont Kunst-Reiseführer. Köln 1980.

ZITZEWITZ, MONIKA VON: Florenz und die Toskana kennen und lieben. LN–Touristikführer. Lübeck 1979.